Schlagzeilen 2017

CHRISTOPH MATZL & CHRISTOPH BUDIN

Schlagzeilen 2017

Ueberreuter

Buch und Redaktion: Christoph Matzl & Christoph Budin

Layout: Hermann Müller (Ltg.), Herbert Kocab, Christian Wawra

Archiv: Martin Kriegel

Register: Margit Bandera

Bildbearbeitung: Gerhard Mischling (Ltg.), Ulrich Czeten, Ing. Helmut Eisinger, Werner Engelmeier, Richard Holzeis, Christian Krapfenbauer, Elisabeth Polly, Matthias Pospischil, Carola Rakowitz

1. Auflage 2017

ISBN 978-3-8000-7679-6

Covergestaltung: Hermann Müller & Gerhard Mischling

Druck und Bindung: Brüder Glöckler GmbH, Wöllersdorf

www.ueberreuter-sachbuch.at

2017 Was die Menschen in diesem Jahr bewegte

Wenn man auf ein Jahr wie 2017 zurückblickt . . .

. . . dann sollte man auch auf den Ausblick auf dieses Jahr zurückblicken, um ein bisschen besser einordnen zu können, was erwartet wurde. Und was dann wirklich geschah . . .

In der „Kronen Zeitung" vom 1. Jänner 2017 haben wir uns ganz ausführlich damit beschäftigt, was die Menschen in diesem Jahr – voraussichtlich natürlich – erwarten würde.

Und da war viel die Rede von der großen, von der wachsenden Terrorbedrohung in Europa. Ja – und wie sich leider herausgestellt hat: ganz zu recht. Denn wieder haben schwere Anschläge dieses Jahr geprägt.

Außenpolitisch haben wir prophezeit, dass der Brexit, CETA, aber vor allem die Migrations-Frage uns in diesem Jahr beschäftigen würden. Ja, und das haben diese Themen getan.

Und wie fiel die innenpolitische Prognose aus? Da war SPÖ-Bundeskanzler Christian Kern zitiert, der Spekulationen über Neuwahlen als „Hunderennen" tituliert hatte. Gemeint war damit, dass Medien zu sehr mit Neuwahlen spekulierten. Das sei viel zu übertrieben. In der Rückblende muss man sagen: So, wie sich die Kanzler-Partei im Wahlkampf dann präsentierte, kam er für Kern offensichtlich wirklich unerwartet.

Zur ÖVP schrieb Polit-Professor Peter Filzmaier am 1. Jänner in der „Krone": „Des Vizekanzlers Reinhold Mitterlehner Bundespartei grundelt unter 20 Prozent. Mitterlehner bekäme in einer fiktiven Kanzlerwahl weniger als 10 Prozent. Das ist unterirdisch. Sogar sein Vorgänger Michael Spindelegger war besser."

Tja. Und dann schmiss Mitterlehner hin, Sebastian Kurz kam und siegte bei den um ein Jahr vorgezogenen Nationalratswahlen. Die ÖVP liegt jetzt über 30 Prozent!

Übrigens, eher nur am Rande: Filzmaier widmete sich auch den Grünen. „Sie sollten mit ihrer Weltmeisterschaft des Schießens ins eigene Knie aufhören. Kaum wurde Alexander Van der Bellen als ehemaliger Parteichef Bundespräsident, wird intern gestritten. Am Horizont naht für Glawischnig eine Obfrauendiskussion."

Wie wahr! Und mittlerweile sind, wie wir wissen, auch schon Glawischnigs Nachfolgerinnen Felipe und Lunacek Geschichte. Auf jeden Fall lieferte die Politik eine ganze Menge Schlagzeilen: Allein im Jänner von **Schicksalstage für Regierung** (8.) über **Wie Kern Kanzler bleiben will** (11.), **Kern setzt auf Duell mit Strache** (13.) und **„Man muss wissen, wann es Zeit ist" – Niederösterreichs Landeshauptmann Pröll tritt zurück** (18.) bis **Schluss mit diesem Regierungs-Zirkus** (28. Jänner).

Bald folgten **„Es ist genug!" – Mitterlehner tritt als Vizekanzler und ÖVP-Chef zurück** (11. Mai), **Der Kurz-Poker** (12. Mai), **„Neuwahl ist der richtige Weg" – nächster ÖVP-Chef geht in die Offensive** (13. Mai), **Alles oder nichts – Kurz stellt eigener Partei harte Bedingungen** (14. Mai), **So will Kurz Kanzler werden** (15. Mai), **Jetzt ist es fix: Wahl im Oktober** (16. Mai) bis zu **Neue Spitze auch bei den Grünen** am 19. Mai.

Flüchtlinge jetzt Wahlkampfthema – mit „populistischem Vollholler" geht's wieder los hieß es am 18. Juni, **So plant Pilz seinen Neustart** am 30. Juni. **Kann Kern Kurz noch einholen?** fragten wir am 13. August. Dann ein wilder Knick für Kern am 15. August: **Verhaftung! SPÖ wirft Berater raus.** Die „Krone"-Berichterstattung rund um die Wahlen – umfangreich und intensiv wie noch nie. Unter anderem mit folgenden Schlagzeilen: **Ist das Rennen schon gelaufen?** (17.9.), **So soll der neue Kanzler sein** (24.9.), **Schmutzkübel: SPÖ-Manager muss gehen** (1. Oktober), **SPÖ versinkt jetzt im totalen Chaos** (2.10.), **Schlammschlacht schadet ganzem Land** (8.10.), **Kern gegen Kurz – wildes TV-Gefecht** (9. Oktober). Am Wahltag entschieden wir uns für die Schlagzeile: **Wie diese Wahl Österreich verändert.** Am Tag danach: **KURZ – Österreich hat die Veränderung gewählt.**

Das vor Ihnen liegende Schlagzeilen-Buch der „Kronen Zeitung": Es fasst in kurzweiliger Form zusammen, was die Österreicher 2017 auch abseits der Politik bewegt hat.

Getreu unserem Motto: Was die Menschen bewegt – die „Krone" macht's zum Thema.

Klaus Herrmann
Geschäftsführender Chefredakteur

Klaus Herrmann mit den Autoren Christoph Budin (li.) und Christoph Matzl (re.)

Die von Polizeikugeln durchsiebte Windschutzscheibe des Todes-Lkw. Amri (kl. Bild) wird auf der Flucht in Italien erschossen!

Schockierende Anschläge in Europa:

Terror mit Lkw und Nachtklub-Horror

Die Silvesterfeiern in Europa werden von zwei schockierenden Anschlägen überschattet. Ein als „Gefährder“ eingestufter IS-Fanatiker fährt mit einem Lkw durch einen Berliner Weihnachtsmarkt – und ein weiterer Terrorist verübt bei der Neujahrsfeier in einem Istanbuler Nachtklub ein Massaker.

Der Tunesier Anis Amri offenbart das Versagen der deutschen Behörden: Obwohl der 24-Jährige als islamistischer „Gefährder“ eigentlich überwacht werden soll, erschießt er einen polnischen Lkw-Fahrer. Mit dem geraubten Sattelschlepper fährt er auf dem Berliner Weihnachtsmarkt bei der Gedächtniskirche elf Menschen tot. Amri wird dann auf der Flucht in Mailand von Polizisten erschossen.

Und in der Silvesternacht schockt das nächste Attentat die Türkei. Im bekannten Nachtklub „Reina“ erschießt ein Mitglied der Terrormiliz 39 Menschen mit einem Maschinengewehr. Zwei Wiener entrinnen der Terror-Hölle knapp.

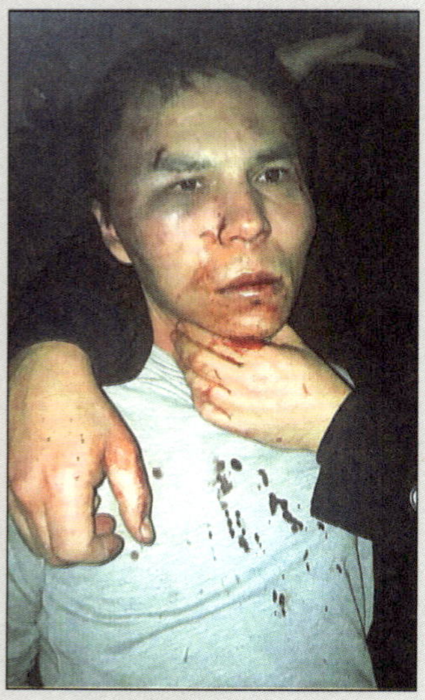

Der Usbeke Abdulkadir Masharipov bei der Verhaftung nach 17-tägiger Menschenjagd vor den Toren Istanbuls.

Jahresstart:

650.000 am Silvesterpfad

Arbeit, Bildung, Integration sind die Herausforderungen

Soldaten sichern in Frankreich Weihnachts- und Neujahrsfeiern

Das neue Jahr beginnt trotz aller Terrorgefahren und Herausforderungen wie Arbeitsmarkt, Bildung und vor allem Integration mit leiser Zuversicht. Dazu passt auch das Motto von Star-Dirigent Gustavo Dudamel beim weltberühmten Neujahrskonzert mit den Klängen der Philharmoniker: „Wir wollen Spaß haben.“

650.000 Menschen tanzen alleine auf dem Silvesterpfad in der Wiener Innenstadt ins neue Jahr. Und die Österreicher verbinden mit 2017 eine leise Hoffnung auf Besserung, auch durch das langsame Anziehen des Wirtschaftswachstums. Ob freilich die Regierung die guten Vorsätze einhalten kann, wird sich zeigen. Denn die großen Hürden und wichtigen Herausforderungen bleiben für die nächsten Monate bestehen.

Indes sind auch die heurigen Silvesterfeierlichkeiten von sexuellen Übergriffen, diesmal in Tirol, überschattet. Bei der „Schande von Innsbruck“ bedrängen sechs junge Afghanen 18 Frauen im dichten Getümmel. Anzeigen lediglich auf freiem Fuß sorgen für Empörung.

Leise Zuversicht für 2017

Ein Prost auf 2017. Das eindrucksvolle Bild zeigt den Bergsilvester in der Tiroler Landeshauptstadt. Doch während der Feiern in der Neujahrsnacht kommt es zur „Schande von Innsbruck“: massenhafte Sex-Übergriffe auf Frauen.

Gustavo Dudamel dirigiert acht noch nie aufgeführte Werke.

Österreich hat einen Präsidenten

Endlich Präsident! Nach monatelangem, ermüdendem Wahlkampf – durch die Aufhebung vom Höchstgericht und „Klebergate“ –, geht Österreich mit einem neuen Staatsoberhaupt ins neue Jahr. Und diesmal gehen wir auf Nummer sicher: Alexander Van der Bellen setzt sich mit 53 Prozent relativ klar gegen seinen Herausforderer Norbert Hofer durch. Bei seiner späteren Antrittsrede statt der traditionellen Neujahrsansprache ruft der mit 73 Jahren zweitälteste Bundespräsident zu Zuversicht und Einigkeit auf.

Van der Bellen mit Ehefrau Doris Schmidauer.

Hoffnung für Tausende Erkältungsopfer > Wiener Ärzteteam entwickelt Impfung:

Neues Schnupfen-Wundermittel

Zehntausende Österreicher hüten jedes Jahr verkühlt das Bett. Während man sich gegen die echte Influenza schon lange impfen lassen kann, gibt es nun auch für die Schnupfen-Opfer Hoffnung: Denn ein von Top-Ärzten des Wiener AKH entwickeltes und bereits angemeldetes Patent sorgt weltweit für Aufsehen. Die Forscher wollen den Virus austricksen.

Die Ärztin und Biotechnologin Dr. Katarzyna Niespodziana (o.)mit einem Virus-Modell: Sie gehört ebenfalls zum „Schnupfenforscher-Team" im Wiener AKH.

Husten, Schnupfen, Heiserkeit – alle Jahre wieder, egal, ob Alt oder Jung, manche erwischt es gleich mehrmals im Jahr. In seiner Forschertätigkeit hat der Wiener Allergologe Rudolf Valenta im Labor die Weichen für einen Impfstoff gegen hartnäckige Erkältungen gestellt. Der Professor fand heraus, dass sich unser Immunsystem gegen den falschen Teil der Rhinoviren richtet. Es bekämpft nämlich das Innere der Viren, und nicht deren Hülle. Genau diese aber verwenden die Krankheitserreger, um sich an der Schleimhaut festzusetzen.

Und hier setzt die Hightech-Medizin an: „Am Reißbrett wurden Eiweißkörper entworfen, die es in der Natur nicht gibt. Teile der Virushülle werden an Trägerproteine angehängt", erklärt der Allergologe. Mit der Spritze bekommt der Patient die biologischen Makromoleküle injiziert, die im Organismus die Bildung von Antikörpern auslösen. Das Wundermittel ist zum Patent angemeldet. In den kommenden Jahren könnte die Schnupfenimpfung Standard werden.

Aufregung um die Sternsinger: *Der Mohr hat seine Schuldigkeit getan, der Mohr kann gehen – das berühmte Schiller-Zitat trifft auf die Heiligen Drei Könige zu. Denn immer öfter, außer auf unserem Foto vor dem „Krone"-Haus, fehlt in der Kinderrunde – wegen Protesten aus der „Black Community" und so mancher Eltern – der schwarz geschminkte Caspar als Vertreter Afrikas. „Wir bekamen die Empfehlung, auf den geschminkten Mohren zu verzichten", bestätigt denn auch eine Jungscharbetreuerin, die mit einer Gruppe „weißer" Könige unterwegs ist.*

Musik- und Filmwelt trauert

Weltweite Trauer bei Musik- und Filmfans um zwei Große: Die letzte Hollywood-Diva Zsa Zsa Gabor stirbt im 100. Lebensjahr in ihrer Villa in Los Angeles, Samtstimme George Michael 53-jährig im britischen Oxfordshire. Die Tochter eines ungarischen Garde-Offiziers bekam das Talent von ihrer Mutter Janka, die ebenfalls Schauspielerin war, in die Wiege gelegt. Neben Streifen wie „Im Zeichen des Bösen" wurde sie durch ihr glamouröses Privatleben bekannt. Mit seinem Privatleben macht auch der als Georgios Kyriakos Panagiotou geborene Sänger George Michael immer wieder Schlagzeilen. Unvergessen sind seine Hits mit der Boyband „Wham" wie „Last Christmas". George Michael litt zuletzt an Herzproblemen. Sein Partner findet ihn ausgerechnet am zweiten Weihnachtstag tot im Bett.

***Ehe-Aus mit „Spatzi"!** Richard „Mörtel" Lugner und seine Cathy lassen sich 809 Tage nach der glanzvollen Hochzeit (Bild links) scheiden. Der 84-Jährige kommt von der Krebstherapie direkt ins Bezirksgericht, das die 26-jährige ehemalige Krankenschwester Minuten später unter Tränen mit ihrem Anwalt (rechts) verlässt. 58 Jahre Altersunterschied sind in der turbulenten Beziehung irgendwann zu viel. Die sexy Blondine bricht – um ein Reihenhaus und einen Porsche reicher – die Zelte in Österreich ab und zieht mit ihrer neunjährigen Tochter nach Deutschland zurück.*

Krone-Chronik Jänner 2017

- Schreckliche Bluttat in Gramastetten in Oberösterreich: Ein Versicherungsmakler erschießt seine Frau im Schlaf, zündet das Haus an und richtet sich im Flammenmeer selbst.
- Gewaltattacke in der berühmten Papstbasilika Santa Maria Maggiore in Rom: Ein psychisch gestörter Italiener verletzt mit einem zerbrochenen Glas einen Priester und einen Mesner schwer.
- Rekord bei den 74. Golden Globes in Los Angeles für „La La Land": Das Filmmusical, auch Oscar-Favorit, räumt bei sieben Nominierungen auch alle sieben Preise ab.

Entführungs-Drama um Sissy Böhm: *Die Tochter der Schauspiellegende Karlheinz Böhm liegt nach einem Autoraub samt Unfall tagelang in einer Innsbrucker Klinik im künstlichen Koma. Ihr geliebter Rauhaardackel ist tot. Am Krankenbett der 61-Jährigen wacht Sohn Florian (im Foto mit Anwalt Dr. Holzmann). „Meine Mutter ist eine Heldin, sie hat sich gewehrt, so gut es ging", so der Filius im Interview mit „Krone"-Tirol-Chefredakteur Walther Prüller. Als Verdächtiger sitzt ein Kroate (25) in U-Haft. Er soll noch zwei weitere Auto-Entführungen begangen haben.*

Carrie Fisher stirbt 60-jährig an einem Herzinfarkt

„Star Wars"-Fans trauern um die ewige Prinzessin

40 Jahre nach ihrem größten Erfolg auf der Leinwand trauern die Fans der legendären Film-Reihe „Star Wars" um die ewige Prinzessin. Auf dem Flug von London nach Los Angeles erleidet Schauspielerin Carrie Fisher einen Herzinfarkt. Das Leben der 60-Jährigen war geprägt von privaten Dramen, unter anderem überlebte sie eine Drogen-Überdosis.

Die Tochter von Debbie Reynolds und Mime Eddi Fisher – er sorgte nach der Scheidung mit der Heirat von Liz Taylor für einen Hollywood-Skandal – spielte in rund 40 Filmen mit und war eine erfolgreiche Autorin. „Doch in Erinnerung bleibt sie vor allem als Prinzessin Leia", so „Krone"-Auslandsredakteurin Eva Lehner in ihrem Nachruf. Wenn heuer im Dezember die Episode 8 der Saga in den Kinos anläuft, wird Fisher, dann ein Jahr nach ihrem Tod, zum letzten Mal als Prinzessin zu sehen sein.

Polizei-Panzer *vor dem Wiener Hauptquartier der berüchtigten Hells Angels! Bei einer Kommandoaktion der Eliteeinheit Cobra wird ein per Haftbefehl gesuchter deutscher Rocker-Boss gefasst. 100 Beamte rücken zum rotweißroten Clubhaus der „Höllenengel" aus. Der flüchtige 34-jährige Verdächtige (kl. Bild) soll in Leipzig an einer Schießerei mit einem Toten beteiligt gewesen sein. Er wird an Deutschland ausgeliefert.*

Entsetzen nach der

Mutter

Was sich in einem ehemaligen Gasthaus in der kleinen niederösterreichischen Ortschaft Schildberg abspielt, entsetzt Österreich: Alarmierte Ermittler finden sechs Tote. Eine dreifache Mutter (35) löscht ihre ganze Familie aus. Die Hintergründe für die Wahnsinnstat nimmt sie mit ins Grab. . .

Mit einer Pistole schleicht sich die Angestellte von Zimmer zu Zimmer. Die 35-Jährige erschießt ihre sechsjährige Tochter, die beiden Söhne (7 und 9 Jahre alt), ihre Mutter (59) und ihren 40-jährigen Bruder. „Dann legt sich die Mörderin zu ihrer toten Mutter ins Bett und richtet sich selbst", so die schaurige Schilderung des „Krone"-Reporterteams Sandra Ramsauer, Christoph Weisgram, Josef Poyer und Lukas Lusetzky vor Ort.

Doch was trieb die Killerin zu der Wahnsinnstat? War es die Überforderung mit der Pflege der schwer krebskranken Mutter? Hinter dem Drama verbirgt sich jedenfalls ein teuflischer Plan. Denn die dreifache Mutter hatte ihre Kinder von der Schule abgemeldet. Die wahren Hintergründe nimmt sie aber mit ins Grab. Da niemand fürs Begräbnis aufkommt, zahlt die Gemeinde die Einäscherung.

Tragödie mit 6 Toten in Haus ➜ Unwürdiges, wochenlanges Tauziehen um Begräbnis:

löscht ihre gesamte Familie aus

Was sich in diesem früheren Gasthaus in der 170-Seelen-Gemeinde abgespielt hat, ist kaum in Worte zu fassen: Die Mörderin (o.) tötet ihre Kinder, die Mutter und den Bruder (li.).

Aufregung bei Landwirten ➜ Geflügel muss drinnen bleiben:

Stallpflicht wegen Vogelgrippe

Es geht ums Ei: Stefanie (16) auf dem Bio-Hühnerhof ihrer Eltern

Aufregung bei den heimischen Landwirten: Durch das neuerliche Auftreten der Vogelgrippe gilt drei Monate lang die Stallpflicht. Während unsere Frühstückseier weiter sicher sind, müssen Betriebe mit Freilandhühnern um ihre Existenz bangen. Für den Menschen ist das Virus ungefährlich.

Das Influenza-A-Virus H5N8 wird diesmal von Wildvögeln, die aus Sibirien kommen, auf Zuchtgeflügel übertragen. Um weitere Ansteckung zu vermeiden, verhängen die Behörden eine Stallpflicht. Erstes Opfer ist der Biohof von Alexandra und Valentin Schnögl in Pubersdorf (Kärnten), dem das Aus droht. „Wir können unsere Hühner nicht drei oder mehr Monate einsperren. Das halten die Tiere nicht aus“, so der Hilferuf im Gespräch mit „Krone“-Redakteurin Claudia Fischer.

Mord hinter Gefängnismauern? Justiz sagt Nein:

Kein neues Verfahren nach dem Todesrätsel um Alijev

Die Gerüchte, dass der kasachische Ex-Botschafter Rakhat Alijev in seiner Zelle im Wiener Landesgericht ermordet wurde, halten sich hartnäckig. Die Anwälte seiner Witwe wollen jetzt mit einem neuen Gutachten ein Wiederaufnahmeverfahren erreichen – ohne Erfolg!

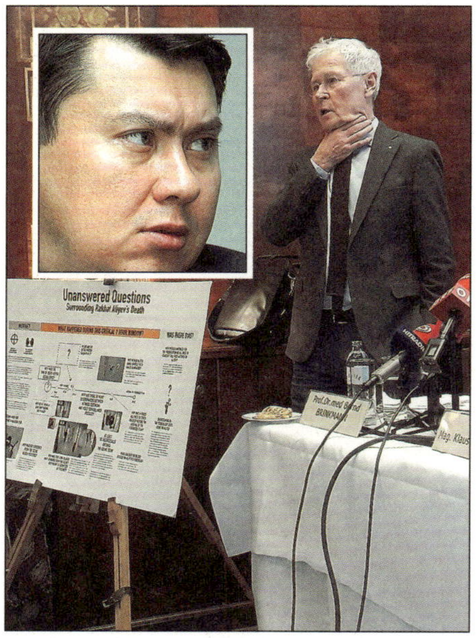

Brinkmann demonstriert, wie Alijev (kleines Bild) ermordet worden sein soll.

Das Vater-Sohn-Anwältegespann Manfred und Klaus Ainedter will mit Unterstützung des Rechtsmediziners Prof. Bernd Brinkmann die Mordtheorie im Gefängnis untermauern. Der deutsche Experte spricht „von Tötung durch fremde Hand" mittels „Burking" (spezielle Form des Erstickens). „Das sieht ein Blinder", behauptet Brinkmann. Doch der Antrag auf ein Wiederaufnahmeverfahren scheitert. Ein von der Justiz in Auftrag gegebenes weiteres Gutachten bei der Schweizer Rechtsmedizin bleibt bei Selbstmord.

Harte Zeiten für Verkehrssünder *im neuen Jahr: Ab 1. Jänner 2017 stehen sukzessive Gesetzesverschärfungen auf dem Plan. Alkolocks-Wegfahrsperren werden eingeführt, Radarfotos als Beweis verwendet, nicht mehr nur Raser zu überführen, sondern etwa auch Gurtmuffel und Handysünder am Steuer (Foto). Und für Führerschein-Neulinge gelten nun drei Jahre Probezeit.*

Kindesmissbrauchs-Vorwürfe gegen Seisenbacher

Olympiasieger flüchtet vor Prozess: Haftbefehl!

Tiefer Fall des einstigen Sporthelden Peter Seisenbacher: Der Judo-Doppelolympiasieger wird angeklagt, als Trainer zwei unmündige Mädchen (unter 14) missbraucht zu haben. Doch der mittlerweile 56-Jährige flüchtet vor dem Prozess – Haftbefehl!

Drei Jahre lang dauern die Ermittlungen der Wiener Staatsanwaltschaft gegen den ehemaligen Spitzen-Judoka und Goldmedaillengewinner der Sommerspiele 1984 in Los Angeles und 1988 in Seoul. Er soll seine Vertrauensstellung als Trainer gegenüber Mädchen missbraucht haben. Die mittlerweile erwachsenen jungen Frauen belasten Österreichs einstigen Sporthelden mit Sex-Vorwürfen schwer.

Doch zum Prozess erscheint Peter Seisenbacher nicht: Er flüchtet vor der Verantwortung. Die Justiz erlässt einen europaweiten Haftbefehl.

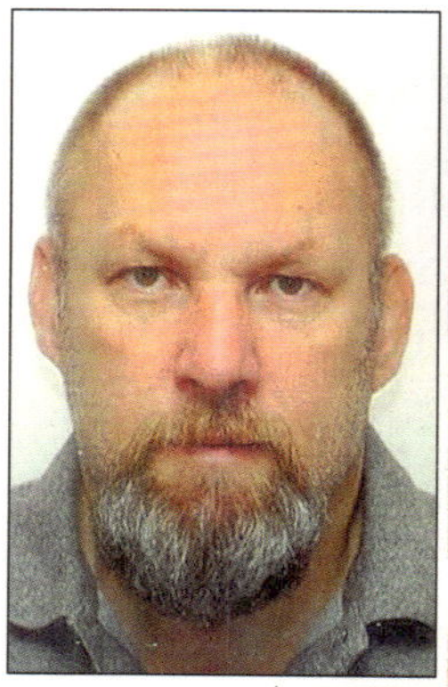

Fahndungsfoto des auf der Matte fast immer siegreichen Judokas.

5 Menschen erschossen

Amoklauf von Ex-Soldat auf US-Flughafen

Weil er Stimmen hört, die ihn zum Kampf für die Terrormiliz IS zwingen, läuft ein psychisch kranker Irak-Kriegsveteran auf dem US-Flughafen von Fort Lauderdale Amok: Der frühere Soldat erschießt fünf Menschen.

Mehrfach ausgezeichnet mit zehn Orden und Medaillen kehrt Veteran Esteban Ruiz Santiago schwer traumatisiert aus dem Irakkrieg nach Amerika zurück. Schon Monate vor der Bluttat erklärt der 26-Jährige der US-Bundespolizei FBI, Stimmen zu hören, die ihn zwingen, für die Terrormiliz zu kämpfen. Nach seiner Entlassung aus einer geschlossenen Anstalt fliegt er (ganz offiziell) mit einer Pistole im Gepäck nach Fort Lauderdale – und erschießt fünf Menschen. Santiago droht die Todesstrafe.

Panda-Drama im Tiergarten Schönbrunn

TRAUER bei kleinen und großen Zoobesuchern im Tiergarten Schönbrunn: Pandamännchen „Long Hui“ ist tot. Veterinärmediziner finden bei dem Tier einen Tumor im Bauchraum, eine Not-OP für den Papa des nur wenige Monate alten Zwillingspärchens „Fu Feng“ und „Fu Ban“ kommt zu spät. Bei der Obduktion wird als Befund ein bösartiges Karzinom im Gallengang bestätigt.

Der Mordverdächtige mit Anwältin Wagner (o.) am Tatort. Mit einer Puppe (u.) wird die Bluttat nachgestellt (kl. Bild: der Vater).

„Ich war mit der Pflege überfordert“:

Sohn tötet Eltern mit Baseballschläger

Doppelmord vor den Toren Wiens: Ein ÖBB-Mitarbeiter erschlägt seine pflegebedürftigen Eltern in einem Einfamilienhaus in Perchtoldsdorf mit einem Baseballschläger. Sein Motiv: Überforderung.

Im Schlaf soll der 48-jährige seinen 85-jährigen Vater und die Mutter (75) – die Eltern waren, so wie beide Schwestern, gehörlos – mit Schlägen auf den Kopf totgeprügelt haben. Bei der Rückkehr zum Tatort schildert er im Beisein seiner Anwältin Astrid Wagner den Hergang des Verbrechens. Tagelang habe er davor „wegen Überforderung“ nicht geschlafen. Plötzlich sei in ihm die Überzeugung gewesen: „Alles muss ein Ende haben.“

Krone-Chronik Jänner 2017

- Kurz nach der Weihnachtslotterie „El Gordo“ („Der Dicke“) darf in Spanien wieder gejubelt werden: Bei der Dreikönigs-Ziehung „El Niño“ werden 630 Millionen Euro ausgeschüttet.
- Dumm gelaufen: In einer Bank in Viña del Mar, Chile, verfehlt ein von Räubern gegrabener 25-Meter-Tunnel den Tresorraum. Stattdessen endet das Loch in der Küche der Geldfiliale.
- Erneutes Horror-Attentat mit einem Lastwagen, diesmal in Israel: Ein Palästinenser rast im arabischen Ostteil der Stadt in eine Gruppe von Soldaten. Drei junge Frauen und ein Mann sterben.
- Mit Jahreswechsel werden die Bezüge der heimischen Politiker um 0,8 Prozent angehoben. Im Falle des Bundespräsidenten macht das im Monat immerhin ein Gehaltsplus von fast 200 Euro.

Abschied von unserem Telemax

Seit 1971 schrieb Robert Löffler tagtäglich in der „Krone"

Die „Krone"-Redakteure und ihre große Leserfamilie trauern um einen ganz großen, feinsinnigen Schreiber: Robert Löffler, der uns 45 Jahre lang unter dem Pseudonym „Telemax" mit pointierten Kolumnen in der Fernsehredaktion zum Schmunzeln brachte, schläft im Alter von 85 Jahren ein.

In einem berührenden Nachruf erinnert sich TV-Redakteurin Susanne Heinrich: „Vor wenigen Wochen haben wir noch über das Alter am Telefon gescherzt. Ich solle mir keine Sorgen machen, die Kolumne für morgen sei schon fertig. Jetzt wird es keine neuen Kolumnen mehr geben. Der Computer, mit dem er anfangs seine liebe Not hatte, bleibt für immer dunkel."

Gratulation zur Ehrenmedaille seitens „Krone"-Herausgeber Hans Dichand.

Unser Robert Löffler 1983, im Bild mit Helga Dichand und Gerd Bacher.

Polizeiposten zerlegt

Wrestlemania auf Inspektion

Für internationale Schlagzeilen sorgt ein Ringer-Krawall auf der Polizeidienststelle im steirischen Leoben. „Der vierfache Wrestling-Champion Alberto Del Rio und sein Bruder El Hijo de Dos Caras verwechseln nach einer Schlägerei in einem Tanzstadl die Inspektion mit dem Ring und zerlegen den Posten", berichten die „Krone"-Redakteurinnen Monika Krisper und Eva Stockner. Erst zehn Beamte werden der 100-Kilo-Kolosse Herr.

Attentäter schlägt in Kunstforum zu

Dieses Bild von AP-Fotograf Burhan Ozbilici hält jenen schockierenden Moment fest, in dem der Attentäter von Ankara neben seinem erschossenen Opfer den Finger triumphierend in die Höhe streckt. Sekunden nachdem der türkische Polizist Mevlüt Mert Altıntaş (22) den russischen Botschafter Andrei Karlow in einer Kunstgalerie ermordet hat, stirbt er selbst im Kugelhagel der Polizei.

Ganz fest einpacken heißt es in diesem Winter der Extreme in Österreich.

Winter der Extreme in Österreich > Temperaturspanne im Land von 51,6 Grad:

Bei uns kälter als am Nordpol

Winter der Extreme in Österreich! Denn während im bisher kältesten Jänner seit 30 Jahren auf der höchsten Messstation des Landes am Brunnkogel auf 3440 Meter Seehöhe minus 29,7 Grad gemessen werden, zeigt das Thermometer im Februar in Salzburg warme 21,9 Grad.

Die Temperaturspanne beträgt also stolze 51,6 Grad! Im ersten Monat des Jahres ist es bei uns tagelang sogar kälter als am Nordpol. Die vorläufige Winter-Bilanz des privaten Wetterdienstes UBIMET offenbart aber noch weitere interessante Details: So ist es in vielen Regionen mit einem Niederschlagsdefizit von 20 bis 70 Prozent deutlich zu trocken. Im Süden bringt erst der Februar nennenswerten Regen und Schneefall.

Die Sonne zeigt sich dank ausgeprägter Hochdruckwetterlagen deutlich häufiger als gewohnt: Die Kärntner Landeshauptstadt Klagenfurt stellt mit 154 Sonnenstunden im Dezember einen neuen Rekord auf. 28 Eistage gibt es übrigens in Wien, bis zu 45 im oberösterreichischen Zentralraum und im Waldviertel.

Aufregung um Hollywood-Streich

Vor Gericht muss der US-Künstler Zachary Fernandez für diese Manipulation des legendären Hollywood-Schriftzuges in den Hügeln von Los Angeles: Der 30-Jährige ändert in der Silvesternacht die beiden 13 Meter hohen Buchstaben O mit bedruckten Planen in „Hollyweed" ab. „Weed" ist in den USA einer der Begriffe für Marihuana. Nach dem weltweiten Aufsehen outet sich Fernandez als Urheber. Er will mit der Aktion auch auf die Entkriminalisierung des Gebrauchs von Marihuana hinweisen.

Ein falscher Sanitäter *sorgt bei einem Reisebus-Unfall mit sechs Verletzten im oberösterreichischen St. Lorenz für Wirbel. Der Salzburger Rot-Kreuz-Fan mischt sich in Uniform unter die echten Einsatzkräfte (Foto). Er wird wegen Fahrens mit Blaulicht angezeigt.*

▲ Auch beim feierlichen Abschied tritt Obama als Familienmensch auf. Bei seiner emotionalen Rede kommen ihm die Tränen. ▶

Mit ihren Möpsen *„Loriot" und „Vicco" präsentiert sich Österreichs Grande Dame Christiane Hörbiger bei ihrer allerletzten Lesung aus dem von ihr und ihrem Lebensmenschen Gerhard Tötschinger (†2016) verfassten Mops-Buch „Der Mops ist aller Damen Freude . . ." Ein grandioser Erfolg in der „Neuen Tribüne Wien".*

ORF-Moderatorin Claudia Reiterer sagt zum Debüt:

„Die Politik muss Lösungen anbieten"

Mit Spannung wird der Neustart für die unter der Leitung von Ingrid Thurnher umstrittene ORF-Politik-Talkrunde „Im Zentrum" erwartet. So beginnt die Neo-Moderatorin Claudia Reiterer gleich mit Änderungen: „Weniger Gäste, und ich will zu den jeweiligen Themen auch raus zu den Leuten." Vor allem will sie „Lösungen zu den Ankündigungen hören".

Claudia Reiterer überzeugt bei ihrer Moderation mit Charme und Wissen.

Blickpunkt

CHRISTIAN HAUENSTEIN

„Yes, we can!"

Es war seine letzte große Rede als US-Präsident. Vor 20.000 Menschen nahm Barack Obama in Chicago, wo vor acht Jahren alles begonnen hatte, Abschied von dem Amt, von dem er sich so viel versprochen hatte. Von dem Amt, in das so viele Menschen so viele Hoffnungen gesetzt hatten.

Er war angetreten mit einem Konzept, das Amerika, das die Welt besser machen sollte. Ein Mann mit Visionen, getragen von Vernunft und Toleranz.

Vieles hat er tatsächlich erreicht, die Überwindung der Finanzkrise, die Halbierung der Arbeitslosigkeit, die Gesundheitsreform und auch die Ausschaltung des Staatsfeindes Nummer eins, die Ausschaltung von Osama bin Laden.

Vieles aber hat sich nicht gebessert, ist vielleicht sogar schlimmer geworden. „Zu viele Menschen", sagt Obama, „fühlen sich abgehängt." Man müsse sich ihrer viel stärker annehmen.

Auch seine Vision, die Spaltung Amerikas in Weiße und Schwarze beenden zu wollen, sei von Beginn an unrealistisch gewesen.

Aber er glaube nach wie vor an den Wandel. „Glaubt nicht an meine Fähigkeit, diesen Wandel herbeizuführen", ruft er den Menschen zu. „Glaubt an eure eigene Fähigkeit, das zu tun." Bürger zu sein, verantwortungsbewusster Bürger, sei schließlich das wichtigste Amt in der Demokratie.

„Es war die größte Ehre meines Lebens, euch zu dienen", sagt er.

Obama beißt sich auf die Lippen, Tränen kommen. Und er ruft: „Yes, we can!"

„Ich will dem Volk die Macht zurückgeben!“

IM BRENNPUNKT, SEITEN 16/17

Samstag, 21. Jänner 2017 / Nr. 20.386, € 1,–

Wien Krone

Kronen Zeitung

UNABHÄNGIG

www.krone.

Wien 19, Muthgasse 2, ☎ 05

ABO-SERVICE: ☎ 05 70

Start mit Eid und Kampfansage

TRUMP AN DER MACHT

9 SEITEN BERICHTE UND KOMMENTARE

Jetzt ist er US-Präsident! Ehefrau Melania hielt die Bibeln, auf die Donald Trump den Eid schwor. Dann folgte eine sehr ungewöhnliche Antrittsrede, die zur heftigen Kampfansage geriet.

Foto: AP/Andrew Harnik

Auch die Clintons wohnen der Vereidigung Trumps mit großer Skepsis bei.

Es ist Zufall: Als Präsident Donald Trump auf dem Kapitol zu seiner Antrittsrede anhebt, setzt Regen ein. Doch die wirklich kalte Dusche folgt erst – denn so hat noch kein US-Präsident gesprochen. Seine Rede ist nichts anderes als eine politische Kriegserklärung an alle im In- und Ausland, die die USA und ihre einfachen Bürger an der Entfaltung zu wahrer Größe und Wohlstand hindern. Was er vorhat, kommt einer Revolution gleich. Dann beschwört er die Menge mit Wahlkampfrhetorik: „Amerika wird gewinnen. Wir werden unseren Traum zurückbringen . . .“

Antritt als Kampfansage

USA muss wieder Macht erlangen
Gegen den islamistischen Terror
„Ich bin im Krieg mit den Medien"

Nach der Angelobung folgt am Abend auch der festliche Tanz mit Ehefrau Melania (oben). Und bei der feierlichen Unterzeichnung der historischen Urkunden versammelt sich die Präsidenten-Großfamilie.

Gleich nach der Angelobung poltert Neo-Präsident Trump mit einer Kampfansage los: Er kündigt massive Veränderungen in Washington an. Zu lange hätten die Politiker und das Establishment profitiert, aber nicht die einfachen Leute, die ihre Arbeit verloren hätten. „Das ändert sich alles, jetzt beginnt es, genau hier!"

„Das ist euer Moment. Dieser 20. Januar wird in die Geschichte eingehen als der Tag, an dem das Volk die Macht zurückerhalten hat", kündigt der 70-Jährige weitreichende Änderungen an.

Er fährt dann fort, um den gegenwärtigen Zustand der USA zu kritisieren. „Mütter und Kinder leben mitten in unseren Städten in Armut", erklärt er. Man habe die Grenzen von anderen Ländern verteidigt, während man die eigenen vernachlässigt habe. „Wir haben andere Länder reich gemacht", sagt er, während eine Fabrik nach der anderen in den USA geschlossen habe. „Aber das ist Vergangenheit. Amerika zuerst!" Die Zeit des leeren Geredes sei vorbei. Amerika müsse seine Teilung überwinden.

Gleichzeitig verspricht der Republikaner, die zivilisierte Welt gegen den radikal-islamistischen Terrorismus zu vereinen, der vom Antlitz der Welt völlig verschwinden werde. „Was den neuen Präsidenten dann allerdings am meisten wurmt: Zu den Anti-Trump-Demos kamen weit mehr Menschen als zu seiner Vereidigung", berichtet „Krone"-Reporter Gregor Brandl aus Washington vom somit beginnenden Medien-Krieg des Präsidenten.

an das US-Establishment

Wie ein Imperator im alten Rom: Der frisch angelobte Präsident zeigt sich auf der Terrasse des Kapitols in Washington. Auch sein gönnerhafter Gruß an die Menschen entlang der Straße (unten) erinnert an den Auftritt eines Monarchen. Zumindest das Treffen mit Obama und dessen Frau wirkt herzlich (rechts unten).

Politdrama um Tage nach dem JFK-Attentat

„Sie war die meistfotografierte Frau des 20. Jahrhunderts und ist doch die wahrscheinlich bekannteste Unbekannte der Moderne", so trefflich charakterisiert „Krone"-Kinoexpertin Christina Krisch die Rolle von Jackie Kennedy, die am 22. November 1963 direkt neben John F. Kennedy saß, als eine Kugel sein Genick traf und eine zweite seinen Schädel zertrümmerte. Im Politdrama „Jackie" skizziert Regisseur Pablo Larraín die Tage nach dem Attentat auf den 35. US-Präsidenten aus der Sicht von Jackie Kennedy – atemberaubend gespielt von der Oscar-Preisträgerin Natalie Portman.

50.000 Tonnen Schnee versetzen Gebäude um zehn Meter

Beben löst Horror-Lawine aus: 29 Menschen in Hotel zermalmt

Eine durch ein Erdbeben ausgelöste Monster-Lawine führt in Farindola im italienischen Gran-Sasso-Massiv zu einem Winterdrama: Gäste und Belegschaft eines Berghotels werden von gigantischen, fünf Meter hohen Schneemassen wie in einem eisigen Sarg einbetoniert.

Die Schneemassen drücken Türen und Fenster des Hotels (ob.) ein. Unbändige Naturgewalten versetzen das Haus um zehn Meter.

Erst 43 Stunden, nachdem die 500 Meter breite Lawine mit unbändiger Gewalt über das Berghotel Rigopiano gedonnert ist und das Haus um zehn Meter versetzt hat, finden die Retter Überlebende, darunter drei Kinder, in den Trümmern. Die Geborgenen werden in einem Hohlraum im Küchenbereich entdeckt. Ihnen war es gelungen, ein Feuer zu machen, und sie hatten auch etwas zu essen.

Obwohl Spezialeinheiten des Heeres weiter nach Vermissten suchen, bleibt der Wettlauf gegen den Tod erfolglos. 29 Menschen können nur noch leblos aus den fünf Meter hohen Schneebetonmassen befreit werden.

Laut Experten ist das monströse Schneebrett mit einer Geschwindigkeit von hundert Stundenkilometern über die Urlauberunterkunft hinweggedonnert.

Gast Kommentar

ELISABETH WEHLING

Falsche Slogans

Das neue Jahr hat begonnen, da tritt der Kanzler mit seiner großen Rede vor Österreich. Kein Zweifel, der Zeitpunkt ist strategisch gewählt. Jahreswechsel steht für Neubeginn: alles neu machen, alles besser machen. Vom „New Deal" spricht er zu Beginn, endet auch damit.

Ein rhetorischer Fehltritt, der Geschichte hat. Schon zur Amtsübernahme setzte Kern auf das Wort, von dem viele nicht wissen, was es bedeutet. Volksnah klingt anders.

Wo Slogans echten Bekenntnissen weichen, ist er beim Volk. Berichtet von echten Begegnungen, von echten Menschen, sagt: „Mir sind die Menschen wichtig." Ungelenk kommt die kleine Liebeserklärung daher. Fast als traute er sich nicht zu sagen: „Ihr seid mir wichtig."

Die Katze ist aus dem Sack, seit gestern kennt Österreich das Rhetorikproblem seines Kanzlers: Er punktet, wo er „er" ist. Seine Schlagwörter wirken konstruiert. Schlimmer noch, sie zündeln gar an der eigenen Autorität.

So der „Plan A". Wer einen Plan A macht, hat besser auch einen Plan B! Diese Volksweisheit gebar den Slogan. Er soll clever sein. Ist aber ein Schuss ins Knie. Bei aller Diplomatie und Demut, für Kern ist seine Politik die moralische Antwort auf Probleme der Zeit. Nicht anders darf es bei überzeugten Politikern sein. Der rhetorische Jahresvorsatz der SPÖ für 2017 sollte feststehen: Mehr Kern, weniger Drumrum.

Elisabeth Wehling studierte Germanistik, Journalistik und Soziologie in Hamburg, Rom, Berkeley. Promotion an der University of California, Berkeley, Forschung im Bereich Kognitive Linguistik. Schwerpunkt: Der Einfluss von Sprache auf politisches Denken und Handeln. Wehling ist Autorin des Bestsellers „Politisches Framing".

Kronen Zeitung UNABHÄNGIG

Selbstkritik des Kanzlers ÖVP-Störmanöver Strache auf „Bürgerkanzlerkurs"

Kern ruft zur Veränderung auf

In seiner Grundsatzrede in Wels kündigt SPÖ-Chef und Bundeskanzler Kern an, Österreich nach „Plan A" verändern zu wollen. Wirtschaftspolitisch spricht er die Themen Arbeitslosigkeit, steigende Mieten, Überregelung und Abgabenlast an – und ruft nach Selbstkritik zur Veränderung auf.

„Wir sind für die Fehler verantwortlich", so Kern über die Milliardenzahlungen für Banken und Versäumnisse in der Asylpolitik, „deshalb möchte ich mich für diese Enttäuschungen auch entschuldigen". Oberstes Ziel seines „Plan A" sei die Schaffung von 200.000 Jobs. Man müsse den Staat deregulieren und die Staatsverschuldung senken. Vizekanzler Reinhold Mitterlehner wiederum kündigt nach der ÖVP-Parteiklausur die Halbierung der Flüchtlingsobergrenze auf 17.500 an. „Andere halten Reden, wir arbeiten. Denn es gibt noch viel zu tun", so das Störmanöver Richtung Koalitionspartner. Dessen ungeachtet stellt Parteichef Heinz-Christian Strache beim FPÖ-Neujahrstreffen seinen Fahrplan Richtung Kanzleramt dar und prangert die „SPÖ-ÖVP-Misswirtschaft" an . . .

Mitterlehner kann sich bei der ÖVP-Klausur einen Seitenhieb auf Kern nicht verkneifen.

Kanzler Kern (o.) tritt bei der Grundsatzrede in Wels auf wie ein Popstar und präsentiert seinen „Plan A". FPÖ-Chef Heinz-Christian Strache (li.) indes kündigt an, ein „Bürgerkanzler zum Anfassen" zu werden.

Krankenbetreuung in Wien anno 2017: In den sieben KAV-Spitälern gibt es pro Tag 87 Gangbetten.

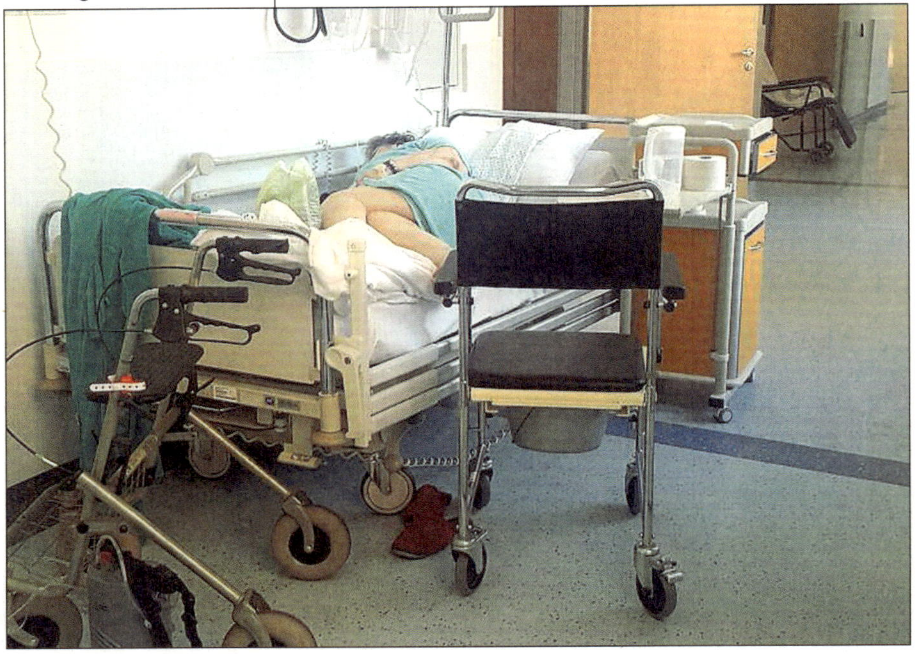

Krankenanstaltenverbund gibt endlich alarmierende Zahl bekannt:

87 Gangbetten an einem Tag

Dank des öffentlichen Drucks und der Initiative von Patientenanwältin Sigrid Pilz gibt der Krankenanstaltenverbund endlich aktuelle Zahlen über seine sieben großen Häuser bekannt: Demnach werden pro Tag durchschnittlich 87 Gangbetten gezählt!

„Gangbetten sind in jedem Land in Zentraleuropa anzufinden", das sagt Udo Janßen, Chef des Krankenanstaltenverbunds (KAV) im Interview. Für ihn ist das Thema damit erledigt. „Für die ‚Krone' ist es das allerdings nicht", wie Michael Pommer, engagierter Leiter des Wien-Ressorts, klarstellt. Konsequent bleibt er am Ball, und so gelingt es ihm, die für Wien erschreckenden Zahlen ans Licht zu bringen.

Und: Es gibt auch keine Entschädigungen für Patienten, die auf den Gängen untergebracht werden. Wer auf dem Gang vor sich hinleiden muss, hat eben Pech gehabt.

Auf eine Entschuldigung von KAV-Boss Janßen müssen sie warten.

Rom: Schwarzenegger bei Generalaudienz

„Terminator" trifft den päpstlichen Pontifex

Nach dem Hahnenkammrennen in Kitzbühel jettet unsere „steirische Eiche" Arnold Schwarzenegger nach Rom, um dort bei der Generalaudienz von Papst Franziskus empfangen zu werden.

„Franziskus lächelte, als er die kräftige Hand des Ex- Gouverneurs von Kalifornien schüttelte. Angst hatte er bestimmt keine, als er die starken Finger des ‚Terminators' spürte," berichtet Krone-ADABEI-Sir Kálmán Gergely vom Treffen. Brisant: „Arnie" ist nämlich als möglicher US-Botschafter am Heiligen Stuhl im Gespräch. Ex-Governator Schwarzenegger könnte der Nachfolger von Ken Hackett im Vatikan werden.

Gut gelaunter Franziskus beim Besuch des „Terminators"

Der letzte Landeskaiser, der diesen Titel noch verdient, verkündet am 17. Jänner seinen Rücktritt: Erwin Pröll. „Das ist das Ende einer Ära. Niederösterreichs Landeshauptmann verdient Respekt", würdigt „Krone"-Chef-vom-Dienst Harold Pearson den außergewöhnli-

Landeskaiser Erwin Pröll nimmt den Hut

chen Politiker (70). Dabei hatte Pröll die neue NÖ-Hauptstadt St. Pölten mit mäßiger Begeisterung übernommen. „Ein Land ohne Hauptstadt ist wie ein Gulasch ohne Saft", hatte es vor rund 30 Jahren geheißen. Und auch die Hauptstadt an der Traisen ist ein Grund für die neue Identität der Bevölkerung des Landes um Wien. Dank Prölls Politik mit einer absoluten Mehrheit wurden die Bürger zu selbstbewussten Niederösterreichern.

Lorenz K. (kl.Bd.) – für ihn gilt die Unschuldsvermutung – wird in Wien gefasst (ob.). Er gesteht: „Plante einen Westbahnhof-Anschlag!"

Islamist (17) und deutscher Komplize verhaftet ➤ Vom Milchbubi zum IS-Fanatiker

Terrorattentat in Wien vereitelt!

Mit einer spektakulären Anti-Terror-Aktion mitten in Wien verhindert die Polizei-Eliteeinheit „Cobra" einen geplanten Anschlag in Wien. Ein 17-jähriger IS-Anhänger gesteht, in der Nähe des Westbahnhofs oder eines belebten Platzes in der Bundeshauptstadt ein Bombenattentat geplant zu haben.

Das heimische Bundesamt für Verfassungsschutz und Terrorismusbekämpfung hatte den Hinweis vom deutschen Bundesnachrichtendienst erhalten: „In Wien ist zwischen 15. und 30. Jänner ein Blutbad mit Sprengstoff geplant! Über Internet-Baupläne soll ein fanatischer, Deutsch sprechender IS-Anhänger – ein 17-jähriger ‚Bubi-Bomber' – daran sein, eine Höllenmaschine zu basteln." „Am Abend des 20. Jänners erfolgt der Zugriff in der Rotenhofgasse in Wien-Favoriten", wie die „Krone"-Terrorexperten Christoph Budin und Richard Schmitt berichten. Lorenz K., im niederösterreichischen Neunkirchen geboren, wird verhaftet. „Abu Chaker", so sein Kampfname, wurde offenbar im Jugendgefängnis Gerasdorf radikalisiert und für den IS-Terror instruiert . . .

Strauss brilliert als Anna Sacher

Ein legendäres Haus mit einer langen Geschichte, eine starke Frau und Persönlichkeiten mit einem gemeinsamen Schicksal: „Das Sacher". Robert Dornhelms ORF-Quotenhit des Vorjahres wird nun auch in Deutschland mit demselben Interesse vom TV-Publikum verfolgt. Im aufwändig produzierten Historien-Drama brilliert Ursula Strauss in der Hauptrolle der einzigartigen Hotelchefin Anna Sacher.

Ein Kampfpilot bombardierte die Zivilisten „versehentlich“:

Luftangriff auf Flüchtlingslager forderte 234 Tote in Nigeria!

Grauenhafter Irrtum eines nigerianischen Kampfpiloten nahe der Stadt Maiduguri. Denn anstatt ein Versteck der islamistischen Terrorbande Boko Haram zu bombardieren, greift er mit seiner Militärmaschine ein Flüchtlingslager an. Beim tragischen Bombardement werden 234 Menschen getötet und Dutzende verletzt.

Entsetzen und Verzweiflung nach dem irrtümlichen Luftangriff eines Bombers auf ein nigerianisches Flüchtlingslager.

25.000 Binnenflüchtlinge haben in dem im Nordosten Nigerias gelegenen Lager in Rann Zuflucht vor den mordenden Banden der Boko Haram gefunden. Der donnernde Angriff des Kampfjets trifft die Menschen, die sich gerade bei der Essensausgabe anstellen, wie ein Blitz aus heiterem Himmel. Auch Mitarbeiter des Roten Kreuzes werden vom „friendly fire“ getötet.

Die Armee schickt zwar eigens Transporthubschrauber, um Verletzte zu versorgen, doch für 234 Opfer dieses mörderischen Irrtums gibt es keine Hilfe mehr.

Auch wenn die hohe Opferzahl anfangs nicht bestätigt wurde, gibt der Präsident der Region Kala-Balge, Babagana Malarima, gegenüber französischen Journalisten die Schreckensbilanz bekannt. Ziel des Luftschlags wäre ein Waffenlager von Boko Haram gewesen.

Krone-Chronik Jänner 2017

- Der Kirchenkiller von Charleston im US-Staat South Carolina wird nach dem Mord an neun schwarzen Gläubigen zum Tode verurteilt.
- Der Airline-Schrumpfkurs trifft auch den Flughafen Wien: Die Zahl der wöchentlichen Flugverbindungen von Niki und Air Berlin sinkt von 360 auf 140.
- Weil sie fast täglich Sex mit einem Schüler hatte und von dem 13-Jährigen schwanger wurde, muss US-Lehrerin Alexandria Vera aus Houston für zehn Jahre hinter Gitter.
- Mit Gene Cernan (82) stirbt der letzte Mensch, der je auf dem Mond war. Der Astronaut war 1972 als Kommandant von „Apollo 17“ im Weltall.

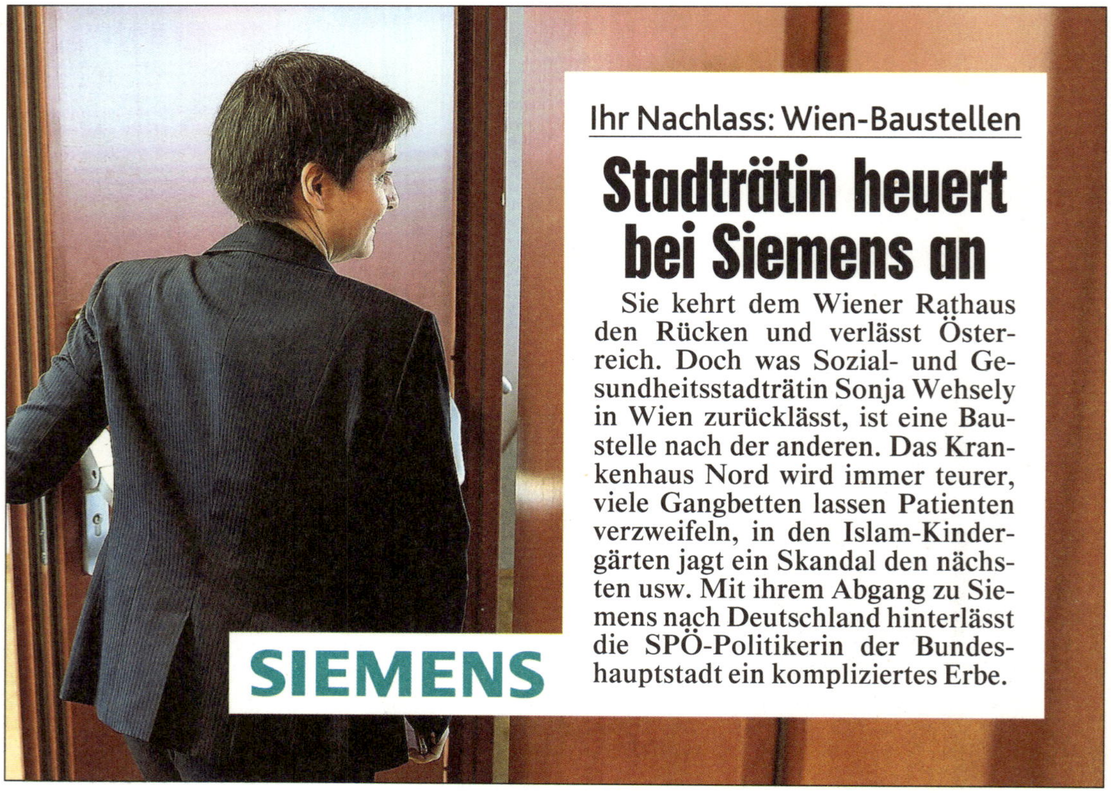

Ihr Nachlass: Wien-Baustellen

Stadträtin heuert bei Siemens an

Sie kehrt dem Wiener Rathaus den Rücken und verlässt Österreich. Doch was Sozial- und Gesundheitsstadträtin Sonja Wehsely in Wien zurücklässt, ist eine Baustelle nach der anderen. Das Krankenhaus Nord wird immer teurer, viele Gangbetten lassen Patienten verzweifeln, in den Islam-Kindergärten jagt ein Skandal den nächsten usw. Mit ihrem Abgang zu Siemens nach Deutschland hinterlässt die SPÖ-Politikerin der Bundeshauptstadt ein kompliziertes Erbe.

Playmate plant nun heiße Hochzeiten . . .

Man kennt sie als Aktmodell, DJane oder Social-Media-Star. Doch der „Krone" verrät Joana Plankl, dass sie ganz neue Wege plant. Das ehemalige Playboy-Model möchte sich als wohl heißeste Hochzeitsplanerin ein weiteres Standbein aufbauen. „Die Planung meiner eigenen Hochzeit hat mir so viel Spaß gemacht, dass ich das jetzt auch beruflich machen möchte."

Red Bull-Boss Didi Mateschitz jubelt: Umsatz- & Verkaufsrekord!

Erstmals über 6 Milliarden Dosen verkauft:

Red Bull hebt ab und steigt zu neuen Umsatzhöhen auf

Der Salzburger Energiedrink-Riese Red Bull hat im Vorjahr weltweit unfassbare 6,06 Milliarden Dosen verkauft. Das Absatzplus von 1,8 Prozent bedeutet einen neuen Rekord: Denn erstmals hat auch der Umsatz die 6-Milliarden-Euro-Marke überflügelt! „Die Hauptgründe dafür sind die Verkaufszahlen in Chile (+ 28 Prozent) oder in Skandinavien (+ 13 Prozent)", so „Krone"-Wirtschaftsredakteur Gerald Hofbauer.

Serienstar Klaus Wildbolz, *einem Millionenpublikum als charmanter Direktor Hofer des Schlosshotels Orth bekannt, stirbt Anfang Jänner in seiner Heimatstadt Wien. Der 79-jährige Oldtimer-Fan – er wirkte in zahlreichen Fernsehproduktionen mit und stand auf vielen Bühnen – hinterlässt seiner 38-jährigen Verlobten Nadine von Vöhren ein Millionenerbe.*

Häftlingszahl verdoppelt

Immer mehr Dschihadisten

In Österreichs Haftanstalten sitzen immer mehr Dschihadisten und Hassprediger! Ein gutes Jahr nach der großen Flüchtlingswelle hat sich die Zahl der eingesperrten Terrorverdächtigen um die Hälfte auf 54 erhöht. Wobei die IS-Rückkehrer ein ebenso großes Problem darstellen. Und so steigt auch die Zahl der Festnahmen verdächtiger „Gotteskrieger" in den Asylwerberheimen, die Leichtgläubige für den Dschihad anwerben.

Trauer im Dreivierteltakt um die SPÖ-Gesundheitsministerin

Licht und Schatten bei

Promi-Gäste: Richard Lugner & Goldie Hawn (links), „Krone"-Herausgeber Christoph Dichand, Ehefrau Eva und Kolumnist Tassilo Wallentin (oben).

Handkuss von Opernchef Dominique Meyer (o.) für die Gastgeberin. Li.: „Krone"-Ballteam: Adabeichef Norman Schenz (Mitte), Kálmán Gergely, Lisa Bachmann, Alexandra Halouska, Sasa Schwarzjirg (v. li.)

Namensstreit um Heldenplatz

Nach dem Theaterstück von Thomas Bernhard und Claus Peymann (Bild re.) löst nun der überraschende Vorschlag von Kulturminister Thomas Drozda (Kreis), einen neuen Namen für den „historisch belasteten" Heldenplatz zu suchen, eine riesige Debatte um Nationalstolz und Identität aus. Das Areal vor der Wiener Hofburg in „Platz der Republik" umzubenennen, kommt bei den meisten Österreichern in einer „Krone"-Umfrage gar nicht gut an.

Baumeister Richard Lugner präsentiert Hollywood-Schauspielerin als Stargast:

61. Opernball nach Politiker-Tod

Der Wiener Opernball steht unter dem Eindruck des Todes von Gesundheitsministerin Sabine Oberhauser, die ihren unerschrockenen, öffentlich geführten Kampf gegen den Krebs verliert. Nach bewegenden Trauerreden der Staatsspitze feiern die mehr als 5000 Gäste verhalten im Dreivierteltakt durch die Galanacht.

Die Nachricht über das Ableben der erst 53-jährigen Gesundheits- und Frauenministerin wirft einen Schatten über den 61. Opernball. Die Betroffenheit ist groß. SPÖ-Bundeskanzler Christian Kern und Bundespräsident Alexander Van der Bellen verlassen nach kurzen, bewegenden Reden ihre Logen. Das grelle Scheinwerferlicht der Fotografen und Kameras ist dann auf die Stargäste gerichtet. „Mörtel" Richard Lugner präsentiert Hollywood-Schauspielerin Goldie Hawn. Die neue Organisatorin Maria Großauer darf aber neben Größen aus Politik und Wirtschaft auch die weitere Prominenz wie Operndiva Anna Netrebko begrüßen.

Draußen vor der Oper herrscht indes viel Lärm um nichts wegen einer erstmals seit Jahren wieder angemeldete Demonstration unter dem verstaubten Motto „Eat the Rich" – „Kaviar für euch, Krise für uns".

Kanzler Christian Kern und Bundespräsident Van der Bellen in der Opernball-Loge: Tränen zum Abschied.

„Dein Lachen wird uns fehlen", trauert auch Schulfreundin und „Krone"-Journalistin Karin Podolak in einem berührenden Nachruf um Sabine Oberhauser. Trotz der Krebserkrankung nahm die SP-Gesundheits- und Frauenministerin bis zuletzt ihre politischen Pflichten wahr.

Die Kuverts vertauscht ▸ Falscher Sieger für „Bester Film“ verkündet ▸ Österreich

Panne stiehlt Oscar-Stars die

Strahlende Gesichter trotz historischer Oscar-Panne (o.): Mahershala Ali, Emma Stone, Viola Davis und Cassey Affleck (v. li.)

Eine Riesenpanne stiehlt den Oscar-Stars die Show: Kurz vor der Vergabe des Preises für „Bester Film“ bekommt Warren Beatty den falschen Umschlag und liest den verkehrten Sieger vor! Der nominierte Auslands-Favorit „Toni Erdmann“ mit dem österreichischen Schauspieler Peter Simonischek geht leider leer aus.

Pannen-Mann Brian Cullinan: Tasche mit den Siegerkuverts.

Es ist die wichtigste und letzte Trophäe des Galaabends. Die für die Stimmen zuständige Firma PricewaterhouseCoopers hat zur Sicherheit zu jeder der 24 Kategorien zwei Umschläge. Doch der durch die hübsche Emma Stone und verschickte Twitter-Fotos hinter der Bühne abgelenkte Repräsentant Brian Cullinan drückt Warren Beatty die Reservekarte für die Siegerin bei „Beste Schauspielerin“ in die Hand. Faye Dunaway öff-

Zwei schockierende Bluttaten in Österreich ▸ Leiche von Vermisstem im Kofferraum

Mutter tötet Sohn, Mord an Nationalbanker bei Autokauf

Zwei Bluttaten an einem Tag schocken das Land: In Oberösterreich ersticht eine Lehrerin ihren neunjährigen Sohn im Schlaf. Und in Tirol wird ein Nationalbanker bei einem mysteriösen Autodeal von einem Italiener ermordet.

Erdrosselt: Banker Reinhard S. (47) – sein Mörder raubt diesen Subaru

Top-Manager Reinhard S. bietet im Internet zwei Autos an. Ein italienischer Käufer namens Antonio meldet sich – dann gilt der Nationalbanker tagelang als vermisst. „Schließlich wird seine Leiche im Kofferraum eines Wagens mit italienischem Kennzeichen hinter einem Gasthaus gefunden“, so „Krone“-Redakteur Hubert Rauth. Auf der Flucht mit dem Subaru des 47-jährigen Tirolers wird der Mordverdächtige (41) auf einem Schiff von Marseille nach Tunesien verhaftet.

Auch ein Familiendrama am schönen Attersee in Oberösterreich macht Schlagzeilen. Eine Lehrerin (38) ersticht ihren neunjährigen Sohn im Schlaf. „Sie war in letzter Zeit wegen psychischer Probleme immer wieder im Krankenstand“, schildern die „Krone“-Redakteure Johann Haginger, Jürgen Pachner und Sabine Kronberger.

geht diesmal leer aus

Show!

net das Kuvert und verkündet irrtümlich „La La Land“ und nicht „Moonlight“ als Gewinner. Bester Hauptdarsteller wird Cassey Affleck („Manchester by the Sea“).

Sonst ist jedoch der Musical-Film der Abräumer bei der 89. Oscar-Verleihung in Los Angeles. Bei dem Rekord von 14 Nominierungen gibt es sechs Preise. Den Triumph verpasst hingegen unser heimischer Star Peter Simonischek für „Bester fremdsprachiger Film“.

Riskanter Hingucker: Auf die Spitze treibt es das russische Model Viki Odintcova mit ihrem Eifer nach Aufmerksamkeit. Der 21-jährige Social-Media-Star veröffentlicht ein Foto, auf dem sie von einem 300 Meter hohen Wolkenkratzer in Dubai – nur an einer Hand – hängt.

Krone-Chronik Februar 2017

- Mysteriöser Anschlag mit dem Nervenkampfstoff VX auf Kim Jong-nam (41), Halbbruder des irren Nordkorea-Diktators, auf dem Flughafen in Kuala Lumpur. Malaysiens Ermittler klagen zwei Frauen an.
- Wer träumt nicht davon, einmal im Lotto zu gewinnen? Jane Park (21) hat das geschafft, ist aber trotz der 1,2 Millionen Euro, die sie als 17-Jährige gewann, unglücklich. „Weil der Gewinn mein Leben zerstört hat“, will die Britin nun klagen, um das niedrige Mindestalter von 16 Jahren auf 18 heraufzusetzen.
- Familiendrama in einem Wiener Gemeindebau: Ein 52-jähriger Inder – er war mit der Betreuung überfordert – erwürgt seine Mutter (80).

Allez hopp, hoch die Damen! Unser Bis-vor-Kurzem-Bundespräsident Heinz Fischer lässt es sich nicht nehmen, dem Staatsopern-Ballett-Ensemble zu gratulieren. Im Überschwang stemmt der fitte Polit-Pensionär gleich beide Tänzerinnen mit den Armen hoch. Nicht schlecht für einen 78-Jährigen. Da wäre sogar der bekannte österreichische Wrestler „Big Otto“ Wanz zu seinen besten Zeiten neidisch geworden.

Lehrerin ersticht Neunjährigen im Schlaf

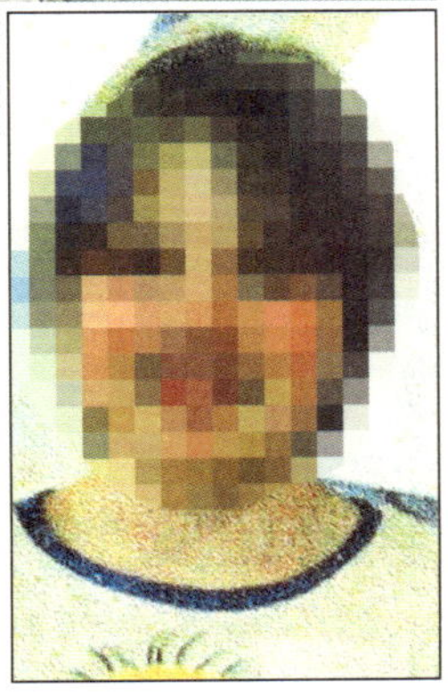

▲ Vor dem Tatort steht eine Kapelle. Im Haus dahinter ersticht die Lehrerin (38; Bild links) ihren neunjährigen Sohn (re.) mit einem Messer.

Airbus im Visier > Betrugsanzeige von Verteidigungsministerium > U-Ausschuss

Eurofighter in Turbulenzen!

Die umstrittenen Eurofighter-Kampfjets des Bundesheeres geraten erneut in schwere Turbulenzen. Nach einer Betrugsanzeige des Verteidigungsministeriums gegen Airbus ist der zweite U-Ausschuss zur Abfangjäger-Affäre im Parlament fix. Bekommen wir jetzt unser Geld zurück?

Die Anfang 2001 beginnende Affäre um den Abfangjäger-Deal wird also neu aufgerollt. In der Strafanzeige des Verteidigungsministeriums wegen schweren Betrugs und Täuschung gegen den Eurofighter-Konzern Airbus beim Kauf der Jets wird die Schadenssumme für die Republik Österreich mit 1,1 Milliarden Euro angegeben. Seit Jahren gibt es rund um das Rüstungsgeschäft Korruptionsvorwürfe. Insbesondere die Frage der Gegengeschäfte steht im Zentrum auch staatsanwaltlicher Ermittlungen.

Der Verteidigungsminister macht Nägel mit Köpfen. Laut Doskozil liegen nun „klare Beweise" vor. Er werde es „nicht akzeptieren, dass die Steuerzahler über den Kaufpreis für die Eurofighter letztlich auch die Schmiergelder mitfinanziert" haben.

In seltener Eintracht fixieren daraufhin Grüne und FPÖ („Manchmal muss man auch einen hässlichen grünen Frosch küssen", so Parteichef Heinz-Christian Strache) einen U-Ausschuss im Parlament. Erste Zeugen sind Ex-Verteidigungsminister Darabos und der frühere SPÖ-Chef Gusenbauer.

Es liegen klare Beweise vor, dass Airbus und die Eurofighter Jagdflugzeug GmbH die Republik wissentlich und vorsätzlich getäuscht haben.

SPÖ-Verteidigungsminister Hans Peter Doskozil bei der Präsentation der Anzeige.

Zwei Frösche, der Grüne Aufdecker Peter Pilz und FPÖ-Chef Heinz-Christian-Strache: Ein Pakt zur Neuauflage des Eurofighter-Untersuchungsausschusses im Parlament.

Thema des Tages

CLAUS PÁNDI

Es zählt die Tat, nicht die Show

Vielleicht ist es der Polizist in Hans Peter Doskozil und noch mehr der Jurist im Verteidigungsminister, der ihn jetzt auch in der Causa Eurofighter so entschlossen gegen Unrecht und Korruption marschieren lässt. Möglicherweise hat es einfach nur mit Doskozils gesundem Urteilsvermögen und Anstand zu tun, dass der 46-jährige Burgenländer keine Angst davor hat, sich mit einem finanziell potenten und entsprechend einflussreichen Rüstungskonzern anzulegen.

Doskozil ist weniger der Mann der großen Show oder der glatt gebürsteten Inszenierung. Doskozil ist vor allem der Typ der Tat. Einer, der lange schweigt und dann umso fester zuschlägt.

Jetzt hat es sich in politischen Kommentaren selten bewährt, Politiker zu loben. Meistens kassiert man als Autor dafür böse Leserbriefe. Doch im Fall von Hans Peter Doskozil geht es nicht anders. Zum Weg, den Doskozil nun beschreitet, kann man nur sagen: Respekt, Herr Bundesminister.

Aber neben der Hochachtung für Doskozil beschleicht einen auch eine weniger edle Regung. Es ist der Wunsch, dass es nicht ungesühnt bleiben darf, was jene mutmaßlichen Strippenzieher damals in den 2000er-Jahren beim Eurofighterkauf getan haben. Aus welchen billigen oder eigentlich eher teuren Motiven auch immer.

Ein Skandal kann auch sein Gutes haben, wenn am Ende die Verantwortlichen zur Rechenschaft gezogen werden. Das wirkt dann zumindest für einige Zeit wie eine Reinigung für Staat und Politik.

EU-Parlament stimmt für CETA-Pakt. Ein Trojanisches Pferd im Herzen Europas.

Neuer Skandal um Wiens Islam-Kindergärten! Der Vorsitzende der Arabischen Kultusgemeinde in Österreich sitzt in U-Haft. Der Präsident (auf dem Bild in der prunkvollen Marmor-Bibliothek des mittlerweile geschlossenen Kindergartens) soll über seinen Verein 2,5 Millionen Euro Förderungen, also Steuergeld, abgezweigt haben.

562.552 besorgte Österreicher in Volksbegehren dagegen:

EU-Parlament winkt CETA trotz Bürgerprotesten durch

Es kommt wie erwartet und auch befürchtet: Wilden Protesten quer durch Europa und vor allem in Österreich zum Trotz, winkt das EU-Parlament das umstrittene Handelsabkommen mit Kanada durch. 408 Stimmen dafür, 254 dagegen, 33 Enthalten. Gegner des CETA-Paktes müssen jetzt auf die nationalen Parlamente setzen.

„Sie zogen das Trojanische Pferd durch Straßburg, versenkten Justitia, die altrömische Göttin von Recht und Gerechtigkeit, in einem Flussbecken vor dem Parlamentsgebäude“, beschreibt „Krone“-Umweltredakteuer Mark Perry die Proteste gegen CETA bis zuletzt. Millionen Bürger quer durch Europa hatten im Vorfeld Petitionen gegen den umstrittenen Handelspakt unterzeichnet, allein in Österreich unterstützen 562.552 besorgte Bürger ein entsprechendes Volksbegehren.

Trotz vieler mahnender Stimmen segnen die Mandatare das Abkommen ab. Interessantes Detail: Die fünf „roten Rebellen“ stimmen mit Nein gegen die Linie von SPÖ-Bundeskanzler Christian Kern. Jetzt liegt die Hoffnung bei den nationalen Parlamenten der 28 EU-Länder, wo der Vertrag erst ratifiziert werden muss.

Doku anlässlich seines 60. Geburtstages ▸ Neue Fotos 19 Jahre nach dem Tod:

Rätsel um Falcos letzte Liebe

Auch 19 Jahre nach seinem Tod ist der Hype um Österreichs größten Popstar Falco ungebrochen. Nachdem eine Doku zum 60. Geburtstag von einem gebrochenen Herzen vor dem Unfalldrama wissen will, lüftet ein früherer Freund das Geheimnis um Falcos letzte Liebe. Die „Krone" zeigt bis heute unter Verschluss gehaltene Bilder.

Am 19. Februar hätte der Falke seinen 60. Geburtstag gefeiert. Doch Hansi Hölzel alias Falco ereilt der Tod vor 19 Jahren auf der Dominikanische Republik viel zu früh. Sein Geländewagen wird von einem Bus gerammt, der Sänger stirbt. Seither ranken sich viele Mythen und Geheimnisse um das Leben und den Unfalltod des Musikstars, der mit „Rock me Amadeus" als bisher einziges deutschsprachiges Lied einen Nummer-1-Hit in Amerika landete.

In einer Dokumentation behauptet nun sein ehemaliger Freund und Manager Hans Reinisch, dass Falco kurz vor dem Drama hoffnungslos in die karibische Insel-Schönheit Selina verliebt gewesen sei. Deren Vater verbot aber die Beziehung – was dem Sänger das Herz gebrochen habe.

Doch so war es offenbar nicht: Ein Tiroler Architekt enthüllt das Geheimnis um Falcos letzte Liebe. Bisher unveröffentlichte Bilder zeigen den damals 41-Jährigen bestens gelaunt zwei Wochen vor seinem Tod mit seiner österreichischen Partnerin Andrea in einer Freundesrunde bei der Eröffnung eines Eisgeschäftes. Mit Schirmchen-Drink und einem glücklichen Lachen . . .

◀ Das Todeswrack. 19 Jahre nach dem Unfalldrama zeigt dieses Foto (o.) die letzte Liebe des Musikstars.

Superstar Falco: Noch heute pilgern Fans zu seiner letzten Ruhestätte auf dem Wiener Zentralfriedhof (oben).

„Phil": Warten auf Frühling

Das berühmte Murmeltier „Phil", wie immer am 2. Februar aus seinem Winterquartier in einem Wäldchen bei Punxsutawney im US-Staat Pennsylvania geholt, kann seinen Schatten nicht sehen – und das bedeutet einer uralten Bauernweisheit zufolge, dass zumindest den Amerikanern an der Ostküste noch weitere sechs harte Winterwochen bevorstehen. Der alljährliche Brauch geht auf das Jahr 1887 zurück. Seither sah das Nagetier 103 Mal seinen Schatten.

Kronen Zeitung
UNABHÄNGIG

Mit 63 als Cover-Model! Für die heurige Bademoden-Ausgabe des Magazins „Sports Illustrated" kehrt das frühere Supermodel Christey Brinkley nach 38 Jahren (siehe Foto li.) wieder im Badeanzug auf die Seite 1 zurück und zeigt sich nach wie vor in Bestform. Flankiert wird die fitte dreifache Mutter auf dem Strand einer Karibik-Insel von ihren beiden nicht minder hübschen Töchtern Alexa Ray Joel, 31 (li.), und Sailor Brinkley-Cook.

„Krone"-Umfrage ➤ Freizeit wichtiger als Geld

12-Stunden-Arbeitstag: So fleißig sind die Österreicher

Die heimische Wirtschaft fordert flexiblere und längere Arbeitszeiten, will aber keine Überstunden dafür zahlen. In der hitzigen Diskussion um den 12-Stunden-Arbeitstag sollen nun die Sozialpartner bis Sommer eine Lösung finden – sonst will die Regierung ein Gesetz beschließen. Während die Krankenstände aus Angst um den Job zurückgehen (im Schnitt fallen wir nur 12,7 Tage pro Jahr aus), leisten die fleißigen Österreicher zugleich 253 Millionen Überstunden im Jahr. Wird diese Arbeit nicht finanziell abgegolten, bedeutet das laut Arbeiterkammer einen erheblichen Einkommensverlust von 1,5 Milliarden Euro. Grundtenor einer „Krone"-Umfrage: Freizeit ist wichtiger als mehr Geld.

Krone-Chronik Februar 2017

➤ Anstatt an einen Profikiller verschickt Jeff Lytle aus dem US-Staat Washington die SMS für den Auftragsmord an seiner Freundin sowie deren Tochter (es geht um eine Lebensversicherung über 1,5 Millionen Dollar) versehentlich an seinen früheren Chef – Haft!

➤ Es klingt wie ein Faschingsscherz: Das Parlament des US-Bundesstaates Illinois ernennt den kommenden Oktober offiziell zum Vorbereitungsmonat für eine Zombie-Apokalypse. In der nun verabschiedeten Resolution heißt es: „Wenn die Bürger gegen Zombies gerüstet sind, dann auch für jede Art von Naturkatastrophen."

Studie: Wer verheiratet ist, hat weniger Stress

Verheiratet zu sein, hat viele Vorteile, etwa finanzielle und rechtliche. Laut neuer Studie der Carnegie Mellon Universität in Pittsburgh im US-Staat Pennsylvania gibt es nun einen weiteren Grund, den Bund der Ehe einzugehen: Er hilft gegen Stress!

Flughafen-Zoll pfändet auf Rollbahn Luxusjet

Einen besonderen Fall von Schmuggel deckt die Zollfahndung auf dem Wiener Flughafen auf: Die Beamten beschlagnahmen einen 39 Millionen Euro teuren Luxusjet im Besitz einer Briefkastenfirma. Weiterflug erst nach einer Million Euro Strafzahlung.

Die hübsche Polizistin kümmert sich rührend um diesen geretteten Hunde-Welpen.

Mädchen bringt Polizei auf die Spur des kriminellen Duos

13-jährige Schülerin entlarvt zwei Welpen-Händlerinnen

Dieses Mädchen ist die Heldin des Tages: Hanna, 13 Jahre alt, wünscht sich nichts mehr als ein putziges Hündchen und führt die Wiener Polizei zu guter Letzt zu zwei Frauen, die einen florierenden, illegalen Handel mit Welpen in der Bundeshauptstadt Wien betreiben. Als die beiden Verkäuferinnen nämlich bei der ersten geplanten Übergabe der Hundewelpen bei einer U-Bahn-Station flüchten, kontaktiert die mutige Schülerin (im Beisein ihres Papas und Exekutivbeamten) das kriminelle Duo im Alter von 21 und 25 Jahren telefonisch noch einmal, um einen neuen Treffpunkt auszumachen. Dort schnappt dann die Falle zu. Bei einer Hausdurchsuchung werden fünf quirlige, gesunde Welpen befreit. Die putzigen Hunde kommen nun alle in gute Hände.

Geistig abnormer Rechtsbrecher saß vier Jahre in

Bei Familienessen

Drama um einen „resozialisierten, geistig abnormen“ Rechtsbrecher. Bei einem Familienessen im Haus seiner Eltern in Deutsch-Wagram (NÖ) greift der 36-Jährige im Psycho-Wahn zum Messer. Er tötet Vater und Mutter, verletzt seine Frau schwer und nimmt das Kind kurz als Geisel.

Der 12-jährige Sohn kann sich jedoch befreien. Der Serbe wird nach einem Warnschuss festgenommen. Im Haus finden die Ermittler dann zwei Tote – es sind die Eltern des mutmaßlichen Doppelmörders und

◄ In diesem Haus kommt es zum Drama: Der Ex-Häftling tötet beim Familienessen seine Eltern (re.), verletzt seine Ehefrau schwer und nimmt den Sohn kurz als Geisel.

Kronen Zeitung UNABHÄNGIG

„Krone"-Fußballerwahl

Jubiläumssieg für Rapidler und Trainer

Zahlreiche namhafte Ehrengäste feiern im Rahmen der Gala im Studio 44 in Wien die Sieger der 50. Fußballerwahl der „Krone". Während es auf dem Platz nicht nach Wunsch läuft, nimmt Rapid Wiens Jungstar Louis Schaub (links) bei seinem Jubiläum erstmals die begehrte Trophäe entgegen. Lisa-Marie Zmek, Top-Fußballerin vom SKV Altenmarkt, gewinnt dagegen bereits ihre vierte in Serie. Als Trainer des Jahres 2016 wird Ralph Hasenhüttl (49) ausgezeichnet, der in seiner ersten Saison in der deutschen Bundesliga mit Aufsteiger RasenBallsport Leipzig sensationell der erste Bayern-Verfolger ist.

Strahlende Sieger bei „Krone"-Fußballwahl: Rapid-Jungstar Louis Schaub und Lisa-Marie Zmek

Haft > Messerstiche im Psycho-Wahn:

Eltern getötet

dessen schwerverletzte Ehefrau. Der nach vier Jahren Haft wegen gefährlicher Drohung als „geistig abnormer Häftling mit Abartigkeit höheren Grades" eingestufte, aus der Justizanstalt Göllersdorf (NÖ) entlassene Serbe soll laut seinem Anwalt Manfred Arbacher-Stöger (Kanzlei Rifaat) eine Medikamenten-Umstellung nicht vertragen haben. „Krone"-Redakteurin Sandra Ramsauer zu der Bluttat: „Der Jurist hat nun die Oberärztin im Visier, ein Gutachten soll den Geisteszustand seines Mandanten prüfen."

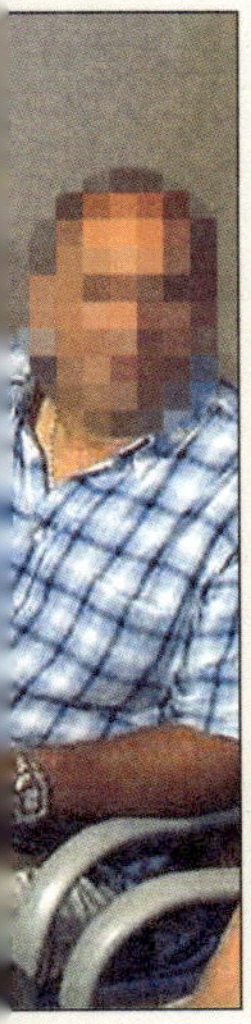

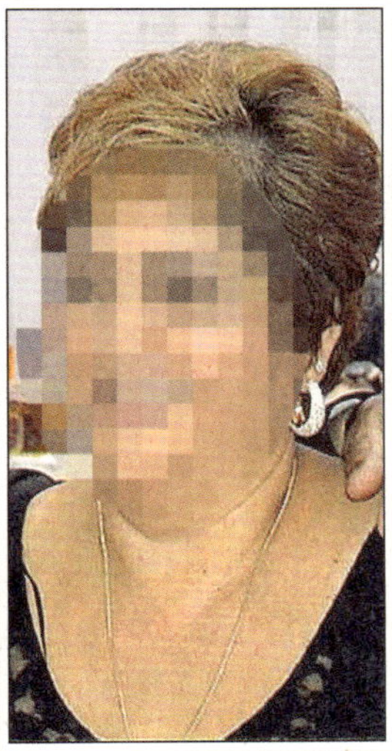

Fakt ist, dass der Verdächtige in seinem Psycho-Wahn Männer in weißen Kitteln vor dem Fenster sah und glaubte, Mutter, Vater und seine Frau seien nur zusammengekommen, um ihn zu vernichten. Er will seine Eltern „aus Notwehr", weil sie ihn angeblich töten wollten, mit etlichen Messerstichen regelrecht hingemetzelt haben.

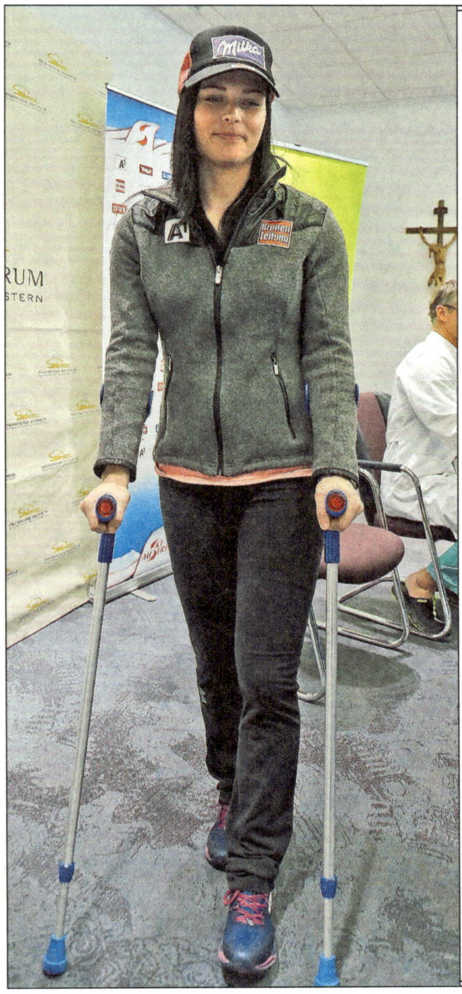

Erneut das Knie: Anna Veith auf Krücken

Auf Krücken humpelt Anna Veith zur Pressekonferenz nach einer OP wegen einer chronischen Entzündung der Patellasehne am linken Knie. Nach einer schweren Verletzung am rechten Knie hatte die 27-Jährige erst Ende vergangenen Jahres ihr Comeback gefeiert. Kurz nach der WM-Teilnahme dann die Hiobsbotschaft für die Sportlerin und ihre Fans. Doch die Olympiasiegerin und zweifache Gesamtweltcup-Gewinnerin will noch stärker zurückkommen.

Ex-Miss legt sich mit Arbeitsinspektorrat an > Intim-Rasuren als skurrile Posse:

Aufregung um „Waxing-Gate"

Das Aufreger-Foto „Intim-Rasur mit Aussicht" der Ex-Miss. Selbst Vizekanzler Mitterlehner mischt sich in das „Waxing-Gate" ein.

„Intim-Rasur mit Aussicht" – mit diesem Facebook-Posting samt Foto gegen die Auflage des Arbeitsinspektorats sorgt die ehemalige Miss Austria Katia Wagner als Besitzerin mehrerer Schönheitsstudios in Wien für ein handfestes „Waxing-Gate". Die skurrile Posse ruft selbst Politik und Gewerkschaft auf den Plan.

Der Zwist der „Wut-Unternehmerin" mit dem Magistrat liefert weit über die Wiener Stadtgrenzen hinaus Schlagzeilen. Wirtschaftsminister Reinhold Mitterlehner stattet der Beautysalon-Besitzerin daraufhin einen Besuch ab und will die bürokratischen Auflagen für heimische Firmen allgemein verringern. Das ruft wiederum die Gewerkschaft auf den Plan, die den ÖVP-Vizekanzler für „einen Kreuzzug gegen den Arbeitnehmerschutz" kritisiert.

„In der Folge flattert der Ex-Miss, die von behördlichen Schikanen spricht, eine Strafanzeige samt Androhung einer Geldbuße von bis zu 8000 Euro wegen diverser Verstöße ins Haus", so „Krone"-Redakteur Florian Hitz. „Waxing-Lady" Katia Wagner droht als Konsequenz, ihre drei Kosmetikstudios zu schließen und meldet 30 Mitarbeiter beim AMS zur Kündigung an.

US-Präsident Donald Trump gegen . . .

„Lass uns die Ämter tauschen":

Trump & Arnold im „Twitter-Kleinkrieg"

Kleinkrieg in sozialen Medien zwischen Donald Trump und unserer steirischen Eiche. Nachdem der Ex-Governator Trumps Einreiseverbot – dieser will 200 Millionen Bürger aus sieben Staaten für 90 Tage aussperren – als „crazy", also verrückt, kritisiert, verhöhnt der US-Präsident seinen Moderator-Nachfolger in der US-Show „The Apprentice" (Der Lehrling) beim Gebetsfrühstück im Weißen Haus: „Lasst uns für seine TV-Ratings beten." Schwarzeneggers ironische Replik: „Hey Donald, lass uns die Ämter tauschen. Dann können die Leute wieder ruhig schlafen."

. . . Ex-Governator Schwarzenegger

Obama genießt Auszeit

Während sich Donald Trump und unser „Governator" Arnold Schwarzenegger einen Twitter-Krieg (siehe links unten) liefern, genießt der ehemalige US-Präsident Barack Obama nach acht Jahren im Amt seine Auszeit in vollen Zügen. Mit breitem Grinsen im Gesicht kostet er seine Politik-Pension beim Kitesurfing auf hoher See – während seiner Regierungszeit aus Sicherheitsgründen verboten – aus. Der 55-Jährige holt nun mit Milliardär Richard Branson das Abenteuer in der Karibik nach.

Ausbruch: Müllwagen als Ticket in Freiheit

Filmreifer gelungener Ausbruch aus der Justizanstalt in der Kärntner Landeshauptstadt Klagenfurt. „Versteckt unter Abfällen aus der Gefängnisküche lässt sich ein wegen Vermögensdelikten zu 18 Monaten Haft verurteilter Serbe im Müllwagen in die Freiheit kutschieren", berichtet „Krone"-Redakteur Alexander Schwab.

Pistenurteil sorgt für gehörige Aufregung

Anrainer jubeln, der Flughafen, die Stadt Wien und das Land Niederösterreich sind entsetzt: Das Bundesverwaltungsgericht untersagt den Bau der dritten Start- und Landepiste in Schwechat und sorgt mit dem Urteil für heftige Turbulenzen. Die Richter sehen den Klimaschutz vorrangig vor wirtschaftlichen Interessen.

Oscar-Nominierung und österreichischer Filmpreis als „Bester Hauptdarsteller" für Schauspieler Peter Simonischek (li.) in seiner Rolle als „Toni Erdmann". Das freut auch die Präsidenten der Akademie, Kollegin Ursula Strauss, unser Oscar-Regisseur („Die Fälscher") Stefan Ruzowitzky und István Szabó.

Krone-Chronik Februar 2017

- Terroralarm vor dem Pariser Louvre. Mit „Allahu Akbar"-Rufen attackiert ein Macheten-Mann Soldaten – niedergeschossen.
- Wegen Mordes werden zwei junge Autoraser in Berlin zu lebenslanger Haft verurteilt. Sie hatten bei einem Rennen einen unbeteiligten Jeep gerammt und dessen 69-jährigen Fahrer getötet.
- Eine Hausbesitzerin bei Wiesbaden (D) findet im Keller zwei tote Handwerker. Wie sich herausstellt, hat der Jüngere (38) seinen Cousin und Kollegen (58) erschlagen und sich dann selbst das Leben genommen.
- Österreichs Kinder und Jugendliche hören durch laute Musik über Kopfhörer mit Smartphone & Co. immer schlechter. Schon 15 Prozent der Schüler sind laut Studie hörgeschädigt.

Medaillenflut bei Weltmeisterschaften von Alpinen, Skispringern & Snowboardern

Österreichs Top-Stars räumen

▲ Historisch: Marcel Hirscher ist mit dem Gewinn der sechsten großen Kristallkugel der alleinige Rekordhalter. Hinzu kommen noch zwei WM-Goldene. Auch Adler Stefan Kraft triumphiert im Gesamt- und Skiflugweltcup und bejubelt ebenfalls zwei Siege bei der Weltmeisterschaft. ▶

Erfolgreiche Snowboarder: Doppel-Weltmeister Andreas Prommegger (re.), die „goldene" Daniela Ulbing und unser„silberner" Benjamin Karl.

Hirscher und Kraft als Sieggaranten:

im Winter ab!

Österreichs Wintersportler lassen die heimischen Fans jubeln. Mit 20 WM-Medaillen – davon gleich neun Goldene – räumen unsere Skistars im schweizerischen St. Moritz, die Skispringer im finnischen Lahti und die Snowboarder in Sierra Nevada, USA, voll ab.

Aus der mannschaftlichen Geschlossenheit ragen zwei Sportler heraus: Marcel Hirscher und Adler Stefan Kraft. Wie „Krone"-Sportchef Peter Frauneder und die Reporter Georg Fraisl, Florian Gröger, Matthias Mödl sowie Kollegin Vera Lischka aus dem mondänen St. Moritz berichten, ist Marcel Hirscher wieder einmal der Ski-König. Durch zwei WM-Goldmedaillen, eine Silberne sowie – unmittelbar nach den Titelkämpfen – den Gewinn von zwei kleinen (Slalom und Riesentorlauf) und seine insgesamt sechste große Gesamtweltcup-Kristallkugel sorgt der 28-Jährige Annaberger für historische Rekorde.

Mit Stefan Kraft ist ein weiterer Salzburger auch bei den Skispringern das Maß aller Dinge. Der 23-Jährige holt nach zwei Goldenen bei der WM in Finnland auch den Gesamt- und Skiflugweltcup. Und in Amerika lässt sich Snowboarder Andreas Prommegger ebenfalls als Doppel-Weltmeister feiern.

Spektakulär: Überraschungs-Goldene Nicole Schmidhofer (Bild re.) bei ihrer Siegfahrt im Super-G. Und die 25-jährige Anita Gasser (li. o.) fliegt bei Big Air auf den ersten Platz.

Wie diese Playboy-Fotos beweisen, ist das 27-jährige Slalom-Ass Christina Geiger die schönste Hoffnung unserer deutschen Nachbarn für die Ski-Weltmeisterschaft. „Das ist sehr mutig, ich finde das supercool", zollt ihr selbst Speed-Queen Lindsey Vonn für die kurvenreiche Bildstrecke Respekt.

Politische Internet-Attacke > Julia Dujmovits sagt Start in türkischem Terror-Ort ab

Hacker gegen Olympiasiegerin

2014 holte die Burgenländerin den Olympiasieg. Doch nachdem sie von kurdischen Hackern ins Visier (li.) genommen wurde, sagte sie die Reise ab.

Da Hacker mit kurdischem Hintergrund ihre Internet-Seite lahmgelegt haben, sagt Snowboard-Olympiasiegerin Julia Dujmovits ihre Teilnahme beim Weltcuprennen im türkischen Terror-Ort Kayseri ab. Erst im Dezember des Vorjahres waren dort 14 Soldaten bei einem Anschlag getötet worden.

„Der Cyber-Angriff von Hackern mit kurdischem Hintergrund ist der Auslöser, weshalb die Burgenländerin den Flug storniert“, berichtet „Krone“-Redakteurin Verena Höchstätter. Die Olympiasiegerin wurde wohl wegen ihrer Bekanntheit und Präsenz im Internet ausgewählt. „Ich bin nicht Snowboarderin geworden, um unter Polizeischutz und von Scharfschützen bewacht Rennen zu fahren“, sagt die 29-Jährige. Skurril: Die Anreise wäre auf eigenes Risiko erfolgt. „Wir mussten zuvor sogar eine eigene Erklärung unterschreiben, damit wir fahren dürfen“, so die Sportlerin, „ich weiß, dass es den Hackern um Angstmache geht, aber unter solchen Umständen will ich nicht starten.“

Polizisten eskortieren die Angeklagten in den Gerichtssaal.

8 Iraker hatten Deutsche zu Silvester

Lange Haft für

„Ich habe an nichts mehr Freude.“ Das sagt jene Frau, die vor Silvester das Leben aus vollem Herzen bejahte.“ Dann geschah der absolute Albtraum: Mehrere Iraker vergewaltigten sie in Wien. Die Angeklagten reden sich auf zu viel Alkohol heraus. Das zieht nicht: Die acht Männer werden zu langen Haftstrafen verurteilt!

Eigentlich wollte die Deutsche nur den Jahreswechsel in Wien feiern. Doch dann nahmen vier Männer die betrunkene, wehrlose Frau mit in die Wohnung eines Irakers. Acht Männer, einer nach dem anderen, vergingen sich dort an der Frau. „Nicht nur, dass sie hintereinander teils mehrmals Geschlechtsverkehr hatten. Sie machten Selfies mit dem Opfer und haben es zum reinen Sexualobjekt herabgewürdigt“, so Redakteurin Silvia Schober.

Die Angeklagten versuchen, zu viel Alkohol für ihre Taten verantwortlich zu machen. Doch nach der von ihnen angegebenen Alkoholmenge müssten sie schon tot sein. Acht der neun Verdächtigen werden zu drakonischen Strafen zwischen neun und 13 Jahren verurteilt, ein Freispruch.

Explosive Promille-Fahrt! Sturzbetrunken versucht ein Bulgare (Kreis) das Führerhaus seines Gefahrengut-Transporters auf einer Raststation in Deutsch Wagram (NÖ) nach einem Unfall wieder zu erklimmen. Polizisten können eine Weiterfahrt des 48-jährigen Berufschauffeurs mit dem Sattelschlepper voll Natriumhydroxid gerade noch verhindern. Denn der Alkotest ergibt 2,6 Promille!

Einen neuen Blick auf die Werke des großen österreichischen Künstlers Egon Schiele bietet die Wiener Albertina als Auftakt zum 100. Todestag des Meisters am 31. Oktober 2018. In der Ausstellung werden 180 der bedeutendsten Schiele-Werke wie das Selbstbildnis mit Pfauenweste (re.) gezeigt. Albertina-Direktor Albrecht Schröder erklärt Redakteurin Franziska Trost neue Erkenntnisse rund um den Künstler. Am „Krone"-Tag gibt es sogar freien Eintritt mit der aktuellen Zeitung.

missbraucht ➤ Das Opfer kämpft in Psychiatrie, um Geschehenes zu überwinden

Gruppenvergewaltiger in Wien

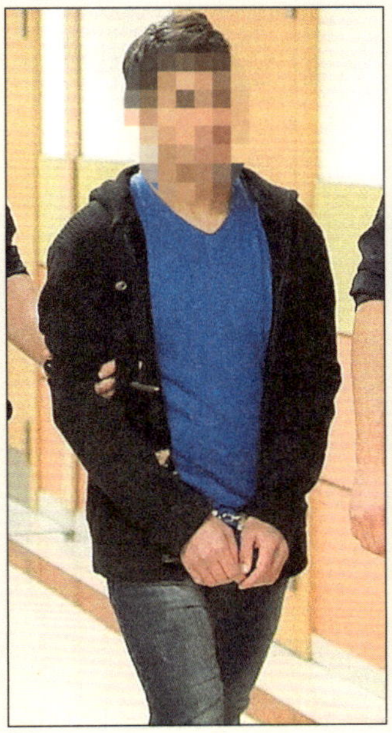

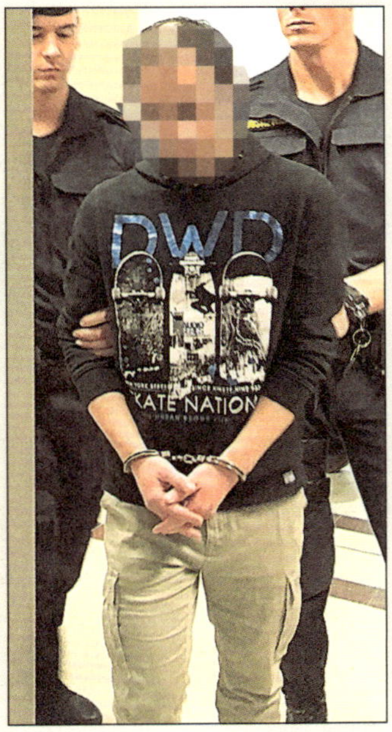

Nach der Urteilsverkündung werden die Iraker, sichtlich geschockt, zurück in ihre Zellen gebracht. Vor Gericht wollten sie sich auf zu viel Alkohol herausreden. Doch die Angaben waren unglaubwürdig.

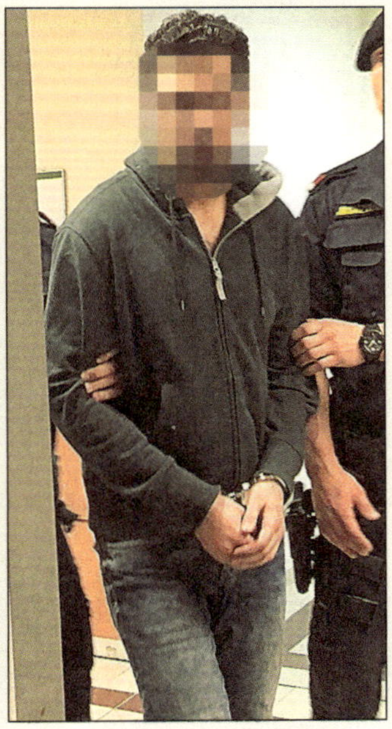

Anstieg der Gewaltverbrechen > Drittel der Verdächtigen stammt aus dem Ausland

Kriminalität: 1473 Straftaten

Statistik 2016, präsentiert von BK-Direktor Lang, Minister Sobotka und Stefanie Rinderle-Ma

Deutlich weniger Einbrüche sowie Autodiebstähle, dafür mehr Gewaltübergriffe und ein explosionsartiger Anstieg bei Internetdelikten! Die aktuelle Kriminalstatistik zeigt wie gewohnt Licht und Schatten. Hervorzuheben: höchste Aufklärungsquote (45,9%) seit zehn Jahren.

537.792 Anzeigen landesweit, im Schnitt 1473 pro Tag: Erstmals seit 2012 muss das Innenministerium bei der Präsentation der Kriminalstatistik einen Anstieg angezeigter Straftaten präsentieren – um 19.923 mehr als 2015. Im Gegensatz dazu ein erfreuliches Zehnjahres-

Krone-Chronik März 2017

- Beim Fotoshooting in Texas posiert die schwangere Fredzania Thompson zwischen zwei Gleisen. Als sich ein Zug nähert, weicht sie aus, übersieht dabei einen Zug aus der anderen Richtung und wird getötet.
- Der Verein für Konsumenteninformation (VKI) hat im Vorjahr 15 Millionen Euro für die Konsumenten erkämpft. Häufigste Fälle: Streit um Garantie und Gewährleistung.
- Die OSZE verlängert ihre Beobachtermission in der Ost-Ukraine um ein weiteres Jahr.

Kletter-Star stürzt ab!

Der Salzburger Star-Bergsteiger Thomas Bubendorfer stürzt beim Eisklettern (li.) in den italienischen Dolomiten ab. Dem harten Aufprall aus zehn Metern Höhe folgt ein Kampf ums Überleben. Sechs Tage Koma, alle Rippen gebrochen, Leber und Milz gerissen. Im Interview mit „Krone Bunt"-Chefin Edda Graf (Foto) gesteht der Klettermeister ein: „Ich habe einen Fehler gemacht." Und: „Als Extrem-Kletterer werde ich bestimmt weitermachen."

Aufklärung ist hoch am Tag

tief: 12.957 Einbrüche in Wohnräume bedeuten die niedrigste Zahl seit 2007. Auch die Zahl der Autodiebstähle konnte um 10% gesenkt werden.

Mit 13.103 Anzeigen – eine Steigerung von fast 31% – bleibt Cybercrime Herausforderung Nummer 1. „Das IT-System zur Datenverarbeitung der Polizei funktioniert", beurteilt Stefanie Rinderle-Ma von der Uni Wien die Internet-Arbeit der Kriminalisten als effizient, „natürlich gibt es Verbesserungspotential."

Ebenso gestiegen: Gewaltdelikte +6,9% (43.098 Anzeigen). Und: 105.551 der 270.160 ausgeforschten Verdächtigen waren Ausländer.

Welt der Wunder in Wien! Mit seiner neuen Show „Amaluna" fasziniert der Cirque du Soleil einmal mehr sein Publikum. Schließlich bringen die besten Artisten Groß und Klein zum Staunen. Diesmal entführt der kanadische Kultzirkus auf eine Insel, die fest in weiblicher Hand liegt. Folglich besteht die Truppe zu 70 Prozent aus Frauen.

Französischer Konzern übernimmt defizitäre GM-Tochter

Der Opel-Verkauf an Peugeot verunsichert die Autobranche

Um 2,1 Milliarden Euro übernimmt der französische Peugeot-Konzern die defizitäre GM-Tochter. Nach dem Verkauf macht sich sowohl in der Autobranche als auch bei den 1600 Mitarbeitern am Opel-Standort Wien-Aspern eine gewisse Verunsicherung breit.

Der Löwe greift nach dem Opel-Blitz; Barra (GM), Tavares (PSA) und Neumann (Opel) verkünden den Deal.

„Autos sind immer mit Emotionen verbunden. Das wird auch bei der Übernahme von Opel durch Peugeot deutlich: Franzosen als Zuchtmeister deutscher Automobilfabriken? Da sind Konflikte vorprogrammiert", so bringt „Krone"-Wirtschaftschef Georg Wailand die Übernahme auf den Punkt.

Für die 19.000 Opel-Mitarbeiter in Deutschland gibt es bis Ende 2018 eine Beschäftigungsgarantie, für die weiteren 19.000 (darunter 1.600 in Aspern) gelten Arbeitsrecht und Kollektivvertrag weiter. Laut Insidern wird der Peugeot-Citroën-Konzern PSA durch Zusammenlegungen aber rund zwei Milliarden Euro im Jahr einsparen.

Für die Opel- und Peugeot-Fahrer soll sich vorerst nichts ändern. Die Garantien gelten weiterhin, und die Marken bleiben getrennt. Mittelfristig allerdings dürften die Händler der Autokonzerne zusammengelegt werden.

Alle Pelikane des Schönbrunner Tiergartens müssen eingeschläfert werden, nachdem der Vogelgrippevirus H5N8 bei einem Krauskopfpelikan nachgewiesen worden war. Untersuchungen ergeben: Alle 21 Tiere sind infiziert. Einziger Lichtblick trotz des Zoodramas: Die übrigen Vögel des Tiergartens können sich ebenso wenig wie Besucher anstecken.

Umstrittene Tierschutznovelle passiert

Fortschritt für unsere

„Jetzt ist sie durch, die Novelle des Tierschutzgesetzes. Natürlich ist sie nicht perfekt und daher kein Grund zum Jubeln, aber ein wichtiger Schritt in die richtige Richtung wurde gesetzt", so das Resümee von „Krone"-Tierschutz-Lady Maggie Entenfellner. Traurig: Es gibt noch keine strengeren Regeln für die Anbindehaltung.

Maggie Entenfellner, Ministerin Rendi-Wagner & Dietmar Keck

Priscilla und Tom verbindet tiefe Freundschaft

Elvis-Witwe zähmt „Tiger"

Riesenwirbel um ein neues Paar in der Musikszene. Nachdem „Tiger" Tom Jones und die Witwe des unvergesslichen Elvis, Priscilla Presley, immer öfter gemeinsam gesichtet werden, macht bald das Society-Gerücht, die beiden hätten in Mexiko heimlich geheiratet, die Runde. Das Magazin „Globe" berichtet sogar: „Priscilla und Tom waren von der romantischen Stimmung so hingerissen, dass sie es einfach getan haben." Dann aber meldet sich der 76-jährige „Sexbomb"-Sänger zu Wort und erklärt, dass er die 71-jährige Witwe seines Freundes Elvis zwar sehr verehre und sich gut mit ihr verstehe, aber mehr als sehr gute Freunde seien sie eben nicht.

Die aparte Priscilla soll laut Paparazzi den „Tiger" gezähmt haben.

Project Hero nennt sich die neue Errungenschaft des Autoherstellers Land Rover in Kooperation mit dem Roten Kreuz. Das Hightech-Fahrzeug hat eine leistungsfähige Drohne an Bord, die in Katastropheneinsätzen nützliche Dienste erweisen kann – das Fluggerät sendet Livebilder aus der Luft direkt an die Retter. Bewährt sich der Test, wird das Rote Kreuz solche Systeme anschaffen.

So werden wir alle ausspioniert

Schockwellen rund um den Erdball löst eine Enthüllungsbombe der Superlative von Wikileaks aus: 8000 Dokumente aus der CIA-Zentrale legen ein Arsenal von Hochtechnologie-Spionagen offen: Mit Hacker-Angriffen werden etwa Handys oder Auto-Computer geknackt und TV-Geräte umgedreht: Der Fernsehapparat wird zur Abhörwanze.

Gesundheitsausschuss

Vierbeiner

„Tierschutz darf nie zu Ende sein, und die Novelle war überfällig“, so die neue Gesundheitsministerin Pamela Rendi-Wagner. Auch der Tierschutzsprecher der Sozialdemokraten, Dietmar Keck, ist weitgehend zufrieden: „Die Verhandlungen haben ein sehr schönes Ergebnis gebracht.“ So dürfen etwa gezüchtete Wildtiere und Fasane nicht mehr ausgesetzt werden. Entgegen einigen Unkenrufen wurde die Kastrationspflicht für Katzen nicht aufgehoben: Landwirte müssen ihre Stubentiger kastrieren lassen oder im Fall der Zucht mit einem Microchip kennzeichnen.

Enttäuschend: Bei der Anbindehaltung von Rindern gab es keine Einigung. Keck: „Der ÖVP-Tierschutzsprecher wollte keiner Verbesserung zustimmen.“

Stolze 210 Krügerln Bier werden pro Jahr und Kopf in Österreich getrunken. Unser Land bleibt Vize-Weltmeister der Biertrinker. Klare Nummer eins ist Tschechien mit 135 Liter Gerstensaft pro Kopf und Nase. Erfreulich sind auch die Vielfalt der Biersorten und der Anstieg von Gasthausbrauereien auf 235 Braustätten. Beliebtester Biergarten in Wien ist übrigens das Schweizerhaus mit tschechischem Bier aus Budweis.

Liberaler Premier der Niederlande bestätigt > Islam- & EU-Hasser abgeschlagen

„Ein Fest für die Demokratie“

„Diese Wahl war ein Fest für die Demokratie“, jubelt der niederländische Premier Mark Rutte nach seinem mehr als deutlichen Sieg bei den Parlamentswahlen. Der abgeschlagene Islam- und EU-Hasser Geert Wilders kündigt aber sofort an, der Regierung das Leben weiterhin schwer zu machen.

„Was für ein Abend“, strahlt Premierminister Rutte nach der Parlamentswahl. Er deklassierte den EU-Hasser Geert Wilders (kl. Bd.) deutlich.

Diverse Umfragen, in denen Wilders bereits der Wahlsieg prognostiziert worden war, haben offenbar viele Niederländer aufgeschreckt und zu den Wahlurnen getrieben. Denn Mark Rutte verdankt seinen Sieg, da sind Experten sich einig, auch der hohen Wahlbeteiligung von fast 80 Prozent.

Rutte verliert mit seinen 21 Prozent zwar gegenüber den letzten Wahlen, und Wilders legt um 3 auf 13 Prozent zu. Dennoch wurde der Premier klare Nummer eins. Insgesamt ziehen 13 Parteien ins Parlament in Den Haag ein. Somit ist Mark Rutte in einer vergleichsweise komfortablen Position, da ihm mehr mögliche Koalitionspartner für die kommenden, langwierigen Regierungsverhandlungen zur Verfügung stehen.

Schweizer Bergsteiger wollten auf den Jochgrubenkogel in Zillertaler Alpen (Tirol)

Lawine erfasst Skitourgruppe:

Beim größten Lawinenunglück des Winters werden am 15. März in den Zillertaler Alpen in Tirol vier Menschen getötet. „Die Opfer, die mit einem Bergführer unterwegs gewesen waren, stammen aus der Schweiz", so „Krone"-Redakteur Günther Krauthackl, „sie hatten die Tücken des 40 Grad steilen Anstiegs unterschätzt."

Baby-Boom in Österreich! So viele Neugeborene wie im Vorjahr kamen seit 20 Jahren nicht mehr auf die Welt. Klein Elisabeth (Foto) aus Pregarten (OÖ), geboren am 13. März, ist eines von 88.026 Babys. Diese Zahl bedeutet ein Plus von 4,3% gegenüber 2016.

Die achtköpfige Gruppe hatte als Ziel den 2453 Meter hohen Jochgrubenkogel ausgewählt. Dieser Gipfel gilt bei Einheimischen als tückisch und gefährlich. Im Vorjahr war im Februar ebenfalls hier eine achtköpfige Gruppe aus Frankreich unterwegs, als eine Lawine abging. Vier Personen wurden damals verschüttet – aber sie überlebten.

Diesmal bricht beim Gipfelsturm der acht Tourengeher allerdings der gesamte Hang! Die Lawine nimmt rasch gigantische Ausmaße an: 700 Meter breit donnert sie rund einen Kilometer ins Tal hinunter und begräbt vier Eidgenossen unter sich. Am Auslauf stauen sich die Schneemassen elf Meter hoch. An die 70 Bergretter und Alpinpolizisten suchen im riesigen Gebiet fieberhaft nach den Bergsteigern.

Mit modernsten Verschüttetensuchgeräten können diese zwar relativ rasch geortet werden. Doch es ist zu spät . . .

Krone-Chronik März 2017

- Einem hochprofessionellen Tierschmuggler kann der Zoll auf dem Flughafen Schwechat das Handwerk legen: Der Tscheche hatte nicht weniger als 80 (!) geschützte und lebensgefährliche Reptilien im Gepäck, unter anderem eine hochgiftige schwarze Mamba.
- Die Neuabschlüsse von Lebensversicherungen sind im Vorjahr gleich um neun Prozent gesunken. Der Hauptgrund: das extrem niedrige Zinsniveau.
- Für die Abgas-Manipulation bei Dieselmotoren musste Volkswagen bislang 22,7 Milliarden Euro in der Bilanz einplanen. Trotzdem schafft die Stammmarke VW einen Rekordumsatz von 217 Milliarden Euro.

Flüchtlinge und Migranten werden in Transitzonen interniert

Aktion scharf der Regierung Orbán – alle Asylwerber kommen ab März in Internierungslager.

Gefahr unterschätzt

4 Tote!

Auf 700 Metern Breite reißt die Lawine ab. Fünf Hubschrauber bringen 70 Retter zum Lawinenkegel. Doch für vier Verschüttete gibt es keine Rettung mehr.

UNO-Flüchtlingswerk zeigt sich besorgt

Ungarn sperrt nun alle Asylwerber ein

Große Aufregung um eine geplante Maßnahme Ungarns: Alle Asylwerber sollen in Internierungslagern festgehalten werden, bis ihr Ansuchen erledigt ist. Das UNO-Flüchtlingshilfswerk (UNHCR) legt dagegen einen scharfen Protest ein. Die große Sorge gilt dabei vor allem den Frauen und unbegleiteten Minderjährigen auf der Flucht.

Das neue Gesetz sieht vor, dass Asylwerber während der Dauer ihres Verfahrens in „Transitzonen" bleiben müssen. Die zwei umzäunten Container-Burgen befinden sich unmittelbar an der Grenze des Landes zu Serbien. Es sind die einzigen Stellen, an denen Flüchtlinge einen Asylantrag in Ungarn stellen können. Der neuen Regelung zufolge sollen auch unbegleitete Minderjährige im Alter von 14 bis 18 Jahren in „Transitzonen" interniert werden. Mit diesem Gesetz verletze Ungarn internationales und EU-Recht, so das UNO-Flüchtlingshilfswerk.

Ungarn schottet sich seit Herbst 2015 mit Stacheldrahtzäunen an den Grenzen zu Serbien und Kroatien gegen Flüchtlinge ab. Sie werden registriert und kommen in Lager im Landesinneren.

Vermögen für ewige Jugend

Sagenhafte 1,4 Millionen Euro steckt Hollywood-Star Jennifer Aniston in ihren Körper, um auch mit 48 Jahren noch immer jugendlich zu wirken. Für Schönheitskuren, Laser- und Ultraschallbehandlungen sowie Diätkurse und diverse Trainings ist diese astronomische Summe ihr nicht zu hoch. Jennifer will in der Film-Traumfabrik von Los Angeles bestehen können. Und so schafft sie es tatsächlich, so manche Mittzwanzigerin rein optisch in den Schatten zu stellen. Besonders erfolgreich waren angeblich schweißtreibende Killer-Workouts.

Scharfer Angriff von Außenminister Kurz auf bisherige EU-Flüchtlingspolitik:

NGOs fördern Schlepperbanden

Kurz (o.) dankt der Maltesischen Küstenwache, die bereits Tausende Migranten aus echter Seenot gerettet hat.

Nachdem erneut 250 Migranten im Mittelmeer ertrunken sind, reagiert Außenminister Sebastian Kurz scharf: „Die EU betreibt ein Flüchtlingsschlepperprogramm! Viele Nichtregierungsorganisationen (NGOs) machen sich zu Partnern der Menschenhändler. Dieser Wahnsinn muss endlich gestoppt werden!"

Im Vorjahr endete die Flucht für mehr als 4500 Menschen am Meeresgrund.

„Beim Lokalaugenschein spricht Kurz aus, was viele in der EU nicht wahrhaben wollen", berichtet „Krone"-Außenpolitikexperte Christian Hauenstein, der den Minister begleitet. Denn vor der libyschen Küste sind diverse NGOs unterwegs, die teilweise – aus vermeintlich humanitären Gründen – mit der Schleppermafia zusammenarbeiten. Sie werden von den Menschenhändlern informiert, wo sie die Illegalen von ihren seeuntüchtigen Booten „retten" und dann nach Italien bringen können. „Das ist Menschenschmuggel", so Minister Kurz.

19 Milliarden € dubioser Herkunft flossen in die EU

Schwarzgeld aus Russland

Schwarzgeld in der Höhe von 19 Milliarden € soll seit 2010 aus Russland in die EU geflossen sein. In den Unterlagen finden sich auch heimische Bankkontakte. Millionen gingen an ein Hotel am Arlberg sowie an Bau- und Textilfirmen.

Ein Symbolbild, das die Geldwäsche in der EU darstellt

1,5 Millionen € gingen etwa an eine Firma in Tirol. Ein Hotel bekam offiziell Geld für „industrial equipment", in Wahrheit ging es um einen Skiurlaub. Die „russische Waschmaschine" funktioniert laut „Krone"-Redakteurin Eva Mühlberger so: Eine Briefkastenfirma in London gewährt der anderen einen Millionenkredit. Es fließt nie Geld, trotzdem wird die Summe zurückgefordert. Eine Haftung wird schlagend, gebürgt haben Russen. Ein bestochener Richter bestätigt den Anspruch. Geld wird vom Gericht nach London transferiert – jetzt ist es in der EU „weißgewaschen."

Beim Rosenball zeigt sich Prinzessin Caroline von Monaco mit Modefürst Karl Lagerfeld. Ein Auftritt, mit dem sie gute Miene zum bösen Spiel macht. Denn unter den Grimaldi-Frauen herrscht dicke Luft. Fürstin Charlène verweilt mit Albert bei den Special Olympics in Schladming.

Kronen Zeitung UNABHÄNGIG

Hansi Hinterseer verspricht eine „Irrsinnsgaudi"

Hansi is back! Nach vier Jahren Pause im ORF kehrt der ewigjunge Entertainer mit einer eigenen Show zurück. Auf dem „Streifzug mit Hansi Hinterseer" – eine internationale Koproduktion – wird der Tiroler von Gästen aus Schlager, Volksmusik und volkstümlicher Musik begleitet. Und mit seinen 63 Jahren wedelt er noch vielen Jungen kräftig um die Ohren.

„Ich werde mich an seinem Grab entschuldigen"

Banker fühlt sich nach dem Tod des Stiefbruders schuldig

Schreckliche Schuldgefühle quälen den 45-jährigen Banker Andreas S., der im September 2015 seinem Stiefbruder Eric J. (43) in seiner Wiener Wohnung eine Waffe gezeigt hatte. Nachdem viel Alkohol getrunken worden war, löste sich ein Schuss und traf den Jüngeren in den Kopf. „Da der Anklage falsche Indizien zugrunde lagen, wurde der Verdächtige enthaftet", so „Krone"-Reporterin Martina Prewein. Der sichtlich Gebrochene sagte im Interview, dass er nicht damit fertig werden könne, seinen Stiefbruder getötet zu haben. Deshalb werde er ihn an dessen Grab um Entschuldigung bitten ...

Andreas S. (45) stand 16 Monate unter Mordverdacht.

„World Happiness Report" weist unser Land im Spitzenfeld der Lebensfreude aus

Österreicher sind glücklich

Eine 188 Seiten dicke Studie zaubert Herrn und Frau Österreicher ein Lächeln ins Gesicht. Denn der sogenannte „World Happiness Report" weist unser Land im Spitzenfeld aus. Besonders glücklich sind demnach die Menschen vor allem im Norden und in der Schweiz.

Die Bewohner zwischen Neusiedler See und Bodensee rangieren auf Platz 13, eine Position schlechter als noch 2016. An der Spitze liegen die Norweger, Dänen und Finnen sowie die Eidgenossen. Die USA, Deutschland und Großbritannien reihen sich hinter Österreich ein. Sultan Erdoğans Türkei landet auf Platz 69, Griechenland auf dem 87. Rang. Schlusslicht: die Zentralafrikanische Republik.

Persönliches Befinden, Lebenserwartung, Korruption oder das Bruttoinlandsprodukt werden für das Glücks-Ranking ebenso herangezogen wie das Vertrauen in die Behörden bzw. das Gefühl von Freiheit und Sicherheit.

Lebensfreude dank Familienglück, Sicherheit und schöner Landschaft

Bruchpilot Indiana Jones darf wieder fliegen. „Ich bin der Dummkopf, der auf dem Startbahnzubringer gelandet ist!" Diese Aufnahme eines Gesprächs zwischen Harrison Ford und den Fluglotsen vom John Wayne Airport in Los Angeles gibt die amerikanische Flugaufsichtsbehörde heraus, nachdem der Hollywood-Star mit seinem Privatflieger auf der falschen Bahn gelandet war. Ford entschuldigt sich und darf weiter abheben.

Attentäter rast mit Geländeauto

Anschlag vor

Eine Autoattacke, ein Angriff mit einem Messer und Schüsse! Bei einem Terrorakt im Regierungsviertel von London mäht ein Islamist zahlreiche Menschen auf der Westminster Brücke nieder und ersticht einen Polizisten, ehe er im Kugelhagel erschossen wird.

Vizeaußenminister Tobias Ellwood (mit Blutspuren im Gesicht) versucht, den Polizisten noch zu retten.

Krone-Chronik März 2017

- Jener Dieb, der vor 19 Jahren die Sisi-Sterne aus Schönbrunn gestohlen hat, wird fünf Jahre nach seiner Haftentlassung erneut festgenommen: Diesmal hat er Elektrogeräte ergaunert.
- Massenmörder Anders Breivik, der im Juli 2011 in Oslo (Norwegen) und auf einer Ferieninsel 72 Menschen getötet hat, blitzt vor Gericht ab: Die lange Isolationshaft und die strengen Haftbedingungen verstoßen nicht gegen Menschenrechte.
- Absurd: Katy, Leiza und Lili sollen künftig Männer im spanischen Barcelona in Ekstase bringen. Was sie von gewöhnlichen Prostituierten unterscheidet: Sie bestehen aus reinem Silikon – und arbeiten in Europas erstem Puff mit Sexpuppen.
- Wenn ein Saudi-König auf Reisen geht, haben Kofferträger schwere Arbeit: König Salman wird auf seiner Asientour von einem 1500 Köpfe starken Hofstaat begleitet. Das 500 Tonnen schwere Gepäck reist in sieben Großraumflugzeugen mit.
- Neukunden zahlen künftig statt durchschnittlich 88 € im Jahr 110 € für ein Gehaltskonto.

Nach 26 Jahren Dienst in Traiskirchen rechnet Lagerleiter ab

Der große Asylreport rüttelt wach

Franz Schabhüttl (62) gibt ein realistisches Bild des Lagers wider.

Mit seinem Abschiedsbuch „Brennpunkt Traiskirchen – ein Protokoll aus dem Inneren des Asylsystems" rechnet Franz Schabhüttl, der das Flüchtlingslager 13 Jahre lang leitete, ab. „Es ist Zeit, ein paar Wahrheiten auszusprechen, die in den vergangenen Jahren niemand hören wollte", so der Autor. Er geht mit linken und rechten Institutionen hart ins Gericht – „alle haben für ihre Zwecke gelogen".

Kronen Zeitung
UNABHÄNGIG

auf der Westminster Brücke in eine Menschenmenge › Sechs Tote, 40 Verletzte

Parlament erschüttert Briten

Laut Augenzeugen raste der Attentäter Khalid Masood nach seiner wilden Amokfahrt über die Brücke Richtung Parlament weiter. Dort durchbrach er eine Sperre, stürmte mit einem Messer auf das Parlamentsgebäude zu und erstach einen Polizisten.

Der 55-jährige Vizeaußenminister Tobias Ellwood wird von den Medien am Tag danach als Held gefeiert. Denn der in Wien aufgewachsene Politiker wollte den verletzten Polizisten mit Mund-zu-Mund-Beatmung retten – vergebens ...

Trotzdem geben die Engländer nicht auf. So sagt Bürgermeister Sadiq Khan, Londoner und Sohn pakistanischer Eltern, ebenso kämpferisch wie selbstbewußt: „Wir dürfen uns nicht beugen und zulassen, dass die Terroristen Erfolg haben, unseren Lebensstil zerstören oder unsere Gesellschaft spalten! Jetzt erst recht! Wir lassen uns nicht unterkriegen."

Der 52-jährige Attentäter war dreifacher Vater, konvertierte zum Islam und arbeitete fünf Jahre in Saudi-Arabien als Lehrer.

„Krone"-Redakteur Kurt Seinitz berichtet direkt aus London vom Ausnahmezustand in der City.

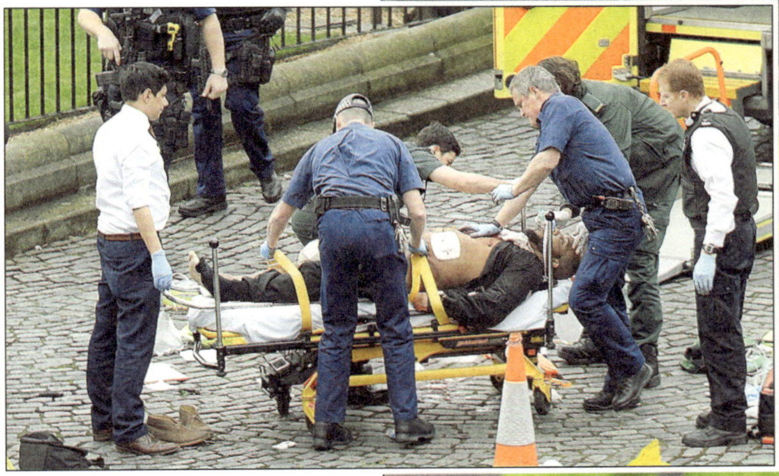

Der Attentäter (o.) stirbt auf der Bahre. Er tötete zuvor fünf Menschen und verletzte 40 schwer, ehe er selber von Polizisten getroffen wurde.

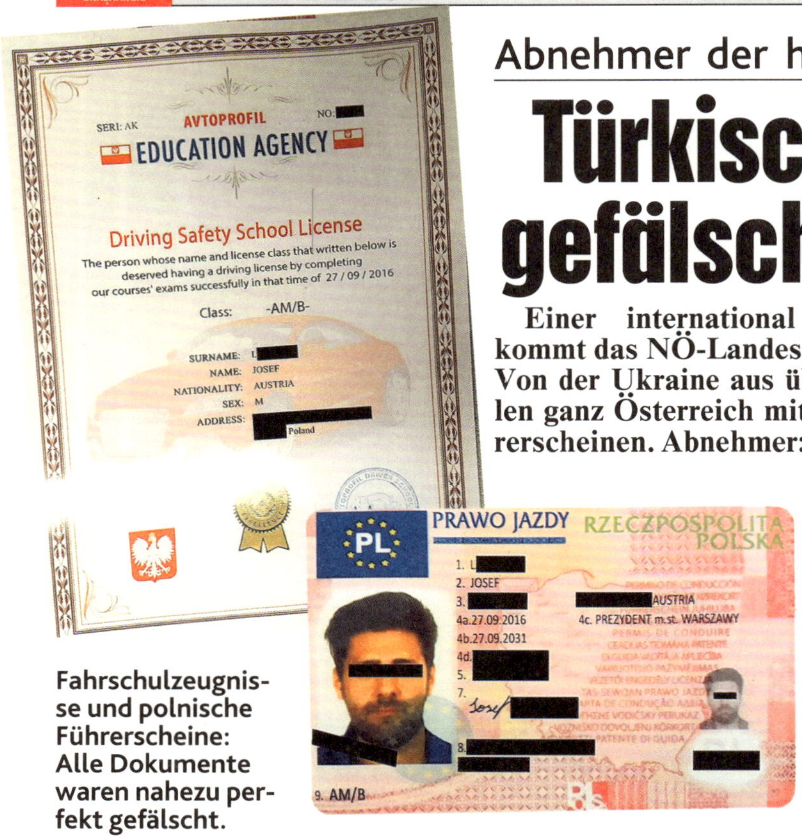

Fahrschulzeugnisse und polnische Führerscheine: Alle Dokumente waren nahezu perfekt gefälscht.

Abnehmer der heißen Ware fliegen in Asylzentrum auf:

Türkische Bande dealt mit gefälschten Führerscheinen

Einer international agierenden Fälscherbande kommt das NÖ-Landeskriminalamt auf die Schliche! Von der Ukraine aus überschwemmen die Kriminellen ganz Österreich mit gefälschten polnischen Führerscheinen. Abnehmer: großteils Asylwerber . . .

Die Machenschaften der türkischstämmigen Täter – sie operieren von Lemberg aus – fliegen auf, als eine Postsendung mit mehreren gefälschten Führerscheinen in einer Asylunterkunft in Neunkirchen abgefangen wird. „Nach akribischen Ermittlungen durch das Landeskriminalamt wird erst das ganze Ausmaß der Betrügerei sichtbar", berichtet „Krone"-Redakteurin Martina Münzer.

Binnen weniger Wochen werden 55 Totalfälschungen in ganz Österreich aus dem Verkehr gezogen und 70 Abnehmer angezeigt. Der Modus Operandi des Betruges: Interessenten versandten über den Handy-Nachrichtendienst Whats App je eine Reisepasskopie und ein Foto samt Blanko-Unterschrift und überwiesen zwischen 650 und 1100 Euro in die Ukraine. Vermittler nahmen die Fälschungen entgegen, kassierten und lieferten die Ware in Österreich ab.

72-Jährige stirbt in München

Filmwelt trauert um Christine Kaufmann

Ende März stirbt die 1945 im steirischen Lengdorf geborene Schauspielerin Christine Kaufmann nach kurzer Krankheit. Als Rosen-Resli wurde sie bereits im Alter von acht Jahren zum Kinderstar, 1961 erlangte sie an der Seite von Hollywood-Größe Kirk Douglas Berühmtheit. Ihre fünfjährige Ehe mit dem um 20 Jahre älteren Tony Curtis sorgte für Schlagzeilen. Und nachdem sie 1974 nackt für den Playboy posiert hatte, erhielt Kaufmann den Titel „schönste Großmutter Deutschlands."

Christine Kaufmann mit Ehemann Tony Curtis und Baby Alexandra 1964 in Paris

Liebe zwischen den Fronten

An der Grenze zu den verfeindeten Ländern Syrien und Israel gibt es zwischen den Fronten im Nahen Osten eine zarte Liebe zweier Friedenssoldaten, die Hoffnung macht: Ein verlobtes Blauhelm-Pärchen aus Österreich, das im UN-Einsatz dafür sorgt, dass die Gewalt nicht auch in den Libanon überschwappt. Presseoffizier Robert Rauter entdeckte das couragierte Paar beim Frontbesuch und verrät ein rührendes Geheimnis: „Stefan und Barbara haben Streunerhund Foxy adoptiert."

Wildlife-Regisseur Kurt Mündl dreht Kinoschlager

Erfolg für ersten 3-D-Jagdfilm

Halali, der weltweit erste 3-D-Kinofilm über Wild und Jagd, sorgt über Österreichs Grenzen hinaus für einen Ansturm. Denn nach dem Erfolg in heimischen Kinos ist die Leinwandpirsch vom Flachland der pannonischen Tiefebene bis ins Hochgebirge auch in Südtirol und in Deutschland zu sehen. Wildlife-Regisseur Professor Kurt Mündl hat einen filmischen Bogen über die Gräben des Reizthemas Jagd gespannt. Um so ein Kapitel der Menschheitsgeschichte, das vor 300.000 Jahren mit einem Speer begann, aus einem etwas anderen Blickwinkel zu beleuchten.

Universum-Regisseur Kurt Mündl drehte mit einer 3-D-Hightech-Kamera.

Schwarz macht nicht nur sexy, sondern auch intelligent. Das ergibt eine brandaktuelle britische Studie. Laut dieser Untersuchung wirken Frauen in Schwarz auf Männer gebildeter und attraktiver. „Das weiß ich zum Glück schon rein intuitiv sehr lange", schmunzelt „Krone"-Fotomodel Kelly.

Slowaken machen AKW-Unterlagen wegen vermeintlicher Terrorgefahr unüberprüfbar

Mochovce-Akten geschwärzt

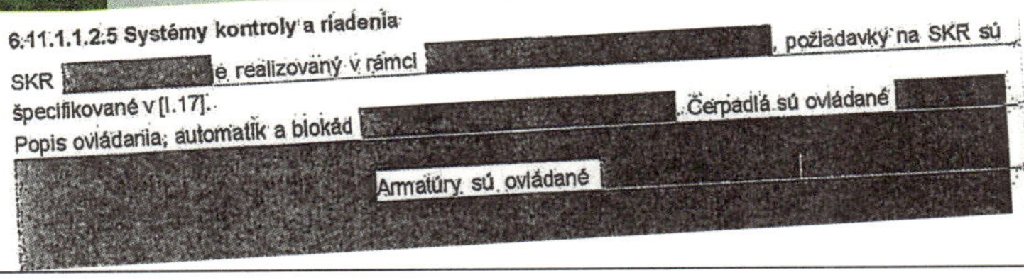
6.11.1.1.2.5 Systémy kontroly a riadenia [redacted] požiadavky na SKR sú
SKR [redacted] e realizovaný v rámci [redacted]
špecifikované v [I.17]. [redacted] Čerpadlá sú ovládané [redacted]
Popis ovládania, automatík a blokád [redacted]
[redacted] Armatúry sú ovládané [redacted]

Geschwärzte Unterlagen sollen einen AKW-Test verhindern.

Nächste Frechheit der slowakischen Atomlobby, um die AKW-Ruine Mochovce nicht testen lassen zu müssen. Denn nun behaupten die Nuklear-Ingenieure des Schrottreaktors, dass die Kontrollen für Sicherheitskontrollen geschwärzt werden müssen, da . . .

. . . ansonsten auch Terroristen Einblick in die AKW-Unterlagen erlangen könnten. „Das ist eine Riesenfrechheit! Wir sind eigens nach Mochovce gefahren, um einen Blick in die Bauunterlagen der Reaktorblöcke 3 und 4 werfen zu können. Doch was uns die Slowaken vorlegten, war unfassbar: völlig geschwärzte Unterlagen!", berichtet GLOBAL 2000-Experte Reinhard Uhrig fassungslos vom Lokalaugenschein in der Atomruine. Dass alle relevanten Passagen über Sicherheit und Nuklearbereiche geschwärzt waren, ist absurd. Auch Wiens Umweltstadträtin Ulli Sima ist ob dieser Zensur verärgert: „Da wurden gar banale Infos über Wetter- und Bebenbedrohung wegen angeblicher Terrorismusgefahr einfach übermalt."

Attentäter rast mit Lkw durch Fußgängerzone in Stockholm > Fünf Tote, 17 Verletzte

Vierfachvater als Terrorfahrer

Während der Lkw im Kaufhaus Feuer fängt, flüchten Passanten aus der Gefahrenzone in Stockholms City.

Wieder erschüttert ein Terroranschlag Europa. Und wieder ist es ein Lastwagen, der zur tödlichen Waffe wird: Auf einer zentralen Einkaufsstraße in der schwedischen Hauptstadt Stockholm rast ein Lkw am 7. April in eine Menschenmenge und anschließend in ein gut besuchtes Kaufhaus. Fünf Tote und 17 zum Teil schwerst Verletzte sind zu beklagen.

Der Attentäter wird Stunden später verhaftet und rasch stellt sich heraus, dass er polizeibekannt ist: Es handelt sich um einen Usbeken (39), Vater von vier Kindern. Im Internet hat sich der Anhänger der Terrorsekte Islamischer Staat (IS) zu erkennen gegeben und Propagandafilme hochgeladen. Die Polizei hatte den Mann schon 2016 auf dem Radar.

Auch eine 20-köpfige Delegation aus dem Burgenland unter der Leitung von ÖVP-Landesparteiobmann Thomas Steiner (rundes Bild rechts) und Ex-Umweltminister Niki Berlakovich (li.) werden Augenzeugen des Dramas. Nur 50 Meter vom Tatort entfernt erleben sie den Anschlag hautnah mit. „Wir sind heilfroh und danken dem Herrgott, dass niemandem aus unserer Delegation bei dem Terroranschlag etwas passiert ist“, so Thomas Steiner.

Mit diesem Lkw (ob.) startet der Usbeke (kl. Bild) zur Amok-Terrorfahrt durch die Fußgängerzone in Stockholm.

Spezialkommandos der schwedischen Polizei riegeln die ganze Innenstadt hermetisch ab.

Krone-Chronik April 2017

- Die Österreicher zahlen am liebsten bar. Acht von zehn Zahlungen werden bei uns mit Euroscheinen oder Münzen beglichen. „Mit Bargeld hat man einen besseren Überblick über die Ausgaben", so die Erklärung vieler.
- Das US-Raumfahrtunternehmen SpaceX schickt erstmals einen Satelliten mit einer wiederverwendbaren Antriebsrakete ins Weltall.
- Da der Flug überbucht ist, lässt die US-Fluggesellschaft United Airlines einen Passagier in Chicago gewaltsam aus dem Flugzeug entfernen. Ein Video, das zeigt, wie brutal der Arzt aus der Maschine gezerrt und dabei verletzt wird, geht um die Welt – Rechtsstreit!

Brad Pitt Schatten seiner selbst

Was ist bloß mit dem Weltstar passiert? Das fragen sich Millionen Fans und Society-Reporter. Denn nach der Schlammschlacht-Scheidung von Angelina Jolie ist Brad Pitt so dünn wie nie zuvor. Und während die Ex gerade ein neues Heim für wohlfeile 23,35 Millionen Euro bezieht, sind seine Anhänger weltweit in hellster Aufregung und Sorge. Schließlich ist das aktuelle Foto (li.) des 53-jährigen Schauspielers und Filmproduzenten wirklich schockierend: abgemagert, ausgemergelt – wie ein Schatten seiner selbst.

Arbeitsmarkt steht in 10 Jahren vor Umbruch ➤ Gering Qualifizierte stark betroffen

Die Roboter kosten bald 400.000 Jobs

Wegen der zunehmenden Digitalisierung, mehr Robotern und automatisierten Tätigkeiten in der Wirtschaft steht unser Arbeitsmarkt vor einem großen Umbruch: In zehn bis 15 Jahren könnten dadurch bis zu 400.000 Jobs wegfallen, prognostiziert jetzt das Institut für Höhere Studien.

„Vor allem gering Qualifizierte sind davon sehr betroffen", so „Krone"-Wirtschaftsredakteur Vergil Siegl.

Freilich gibt es einzelne Berufsgruppen, die stärker gefährdet sind. „Unter den Hilfsarbeitern und Montagekräften dürften drei von zehn ihren Job verlieren, im Verkauf werden es rund 13 Prozent sein. Und es trifft ganz besonders die gering Qualifizierten", prognostiziert Martin Kocher, Chef des Institutes für Höhere Studien.

Denn zwei Drittel der Jobs, die gestrichen werden, entfallen auf Personen, die maximal einen Pflichtschulabschluss haben. Viel weniger gefährdet seien dagegen Akademiker und Führungskräfte. „Tatsächlich zittert bereits jeder Dritte um seinen Job", präsentiert Volkshilfe-Direktor Erich Fenninger das Ergebnis des Volkshilfe-Sozialbarometers.

Jeder Dritte hat Angst, dass ihm ein Roboter seinen Job wegnehmen könnte.

Es hat sich ausgequalmt für Österreichs Jugendliche! Die neun Landesjugendreferenten treffen in Krems (NÖ) den richtungsweisenden Beschluss: Ab Mitte 2018 gilt für unter 18-Jährige ein generelles Rauchverbot. Wie Verstöße geahndet werden, bleibt in der Verantwortung der Bundesländer. Familienministerin Sophie Karmasin spricht von einem Meilenstein.

Die Royals beim Hofburg-Empfang mit dem Bundespräsidentenpaar

Charles und Camilla auf Österreich-Visite

Öko-Prinz besucht unsere Bio-Pioniere

„Krone"-Englishman Mark Perry plaudert mit Camilla. Mit einem guten Tropfen von Bio-Winzer Martin Obermann stoßen die Royals auf die feinen Beziehungen an. Vom ersten Augenblick an erobert Camilla die Herzen der Wiener.

Die Royals, die sich Anfang April auf großer Europa-Tour befinden, statten auch Österreich eine Visite ab. Dabei bestaunen „Öko-Prinz" Charles und Camilla nicht nur die Attraktionen Wiens, sondern sie treffen auch die Bio-Pioniere des Landes zum Ideen-Austausch.

„Ein ganzes Land war 24 Stunden im royalen Fieber. Charles bewies dabei stets Sicherheit. Aber auch Contenance, dass Gastgeber Alexander Van der Bellen beim exklusiven Abendessen den Dresscode offenbar falsch verstanden hatte", berichtet „Krone"-Adabei-Lady Lisa Bachmann über den britischen Auftritt samt grünem, Pardon, rot-weiß-rotem Hoppala.

Camilla, Herzogin von Cornwall, fühlt sich in Wien wohl und genießt das Bad in der Menge. Vom „Privatkonzert" der Philharmoniker über einen Besuch bei den Lipizzanern bis zum bewegenden Treffen mit Holocaust-Überlebenden im Jüdischen Museum spannt sich der Bogen der Visiten. Aber auch Österreichs Öko-Pionierarbeit, getragen von Werner Lampert und der „Krone"-Umweltredaktion, beeindruckt den Öko-Prinzen.

Der Attentäter (22)

Terror

Verzweifelt inmitten der vielen Toten und Verletzten versucht eine Frau zu helfen. Die Wucht der Detonation war so groß, dass sogar die Stahltüren der U-Bahn barsten. Ein zweiter Sprengsatz wurde noch rechtzeitig entschärft.

Blutbad im Herzen der russischen Millionenmetropole St. Petersburg: Ein Terrorist (22) aus Kirgisien zündet in einem fahrenden U-Bahn-Waggon eine Rucksackbombe und reißt vierzehn Menschen mit in den Tod, 45 weitere Fahrgäste werden schwer verletzt. Der Anschlag war wohl ein Racheakt für Putins Syrien-Engagement.

„Der Terror in Russland hat ein neues Gesicht: Akbarschon Dschalilow", berichtet „Krone"-Redakteurin Alexandra Halouska. Beim 22-jährigen Selbstmordattentäter aus Kirgisistan handelt es sich um einen

„WIR sind DIE österreichische Zeitung, zu der an einem Sonntag laut Media-Analyse fasst drei Millionen Österreicher greifen", lüftet Chefredakteur Klaus Herrmann in einem Brief an die Leser das „Krone"-Erfolgsgeheimnis: Unsere, auch regionale, Vielfalt an Geschichten bewegt die Menschen! DJ Ötzi jedenfalls zeigt sich beim Besuch im Newsroom begeistert vom „Krone"-Teamgeist.

sprengt sich in fahrender U-Bahn in die Luft und reißt 14 Menschen mit in den Tod:

jetzt auch gegen Zar Putin!

Der Terror überrascht „Zar" Putin in seiner Geburtsstadt.

jungen Mann, den islamistische Extremisten offenbar „völlig bekehrt" hatten.

Zum Glück können Anti-Terror-Einheiten einen zweiten, in der U-Bahn-Station „Ploschtschad Wosstanija" (Platz des Aufstandes) platzierten Sprengsatz rechtzeitig entschärfen.

Russische Quellen berichten, dass der Attentäter in Zentralasien Terrorkontakte hatte. „Du bist machtlos, dein Krieg gegen den Terror, deine Strategie, die Islamisten durch den russischen Militäreinsatz an der Seite von Diktator Assad in Syrien auszurotten, wird niemals aufgehen", bringt „Krone"-Politikredakteur Christian Hauenstein das zynische Motiv auf den Punkt, das hinter dem Anschlag steht.

Der 22-jährige Kirgise (kl. Bd.) zündete in der fahrenden U-Bahn eine Bombe. Verletzte, Verzweiflung und Verwirrung in der Metro von St. Petersburg. Anschlagsopfer werden geborgen.

Nach Angriff mit Giftgas folgt Strafaktion als Warnschuss von Präsident Trump:

US-Tomahawk-Hagel auf Syrien

Grauenhafte Szenen spielen sich am 4. April in der syrischen Provinz Idlib nach einem Giftgasanschlag ab: 86 Menschen – unter ihnen zahlreiche Kinder – kommen qualvoll ums Leben. Drei Tage später folgt eine Strafaktion von US-Präsident Trump: Er lässt einen Militärflughafen mit 59 Tomahawk-Raketen angreifen.

Dutzende Menschen erleiden in Syrien schwerste Verletzungen beim heimtückischen Giftgasanschlag.

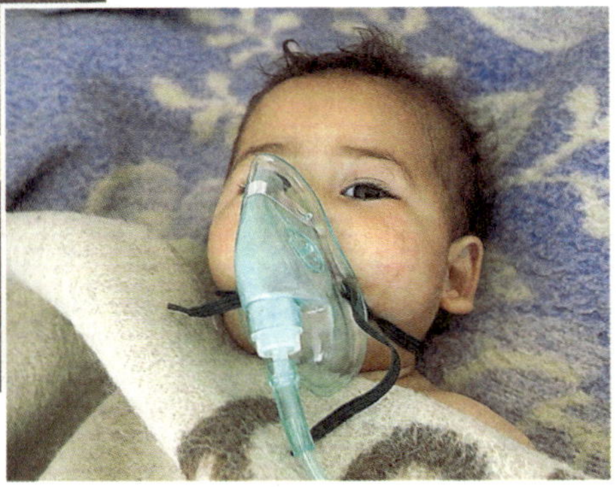

Nach dem Giftgasanschlag müssen sich Menschen übergeben, viele brechen bewusstlos zusammen, ersticken. Bilder von Opfern, die im Todeskampf um Luft ringen, erschüttern die Welt. Doch sowohl das Assad-Regime als auch die Russen bestreiten, hinter dem Chemieattentat zu stecken. Trotzdem ordnet US-Präsident Donald Trump eine Strafaktion an: Vom Mittelmeer aus feuern die Zerstörer USS Porter und USS Ross 59 Marschflugkörper vom Typ Tomahawk ab.

58 Geschoße erreichen Syrien: Der Luftwaffenstützpunkt Al-Shairat wird großteils zerstört, sechs Menschen sterben. Nur das Rollfeld bleibt intakt, vermutlich mit Absicht, um Putin nicht in die Enge zu treiben. Obwohl die USA sowohl die NATO als auch Russland (und damit das syrische Regime) vorgewarnt hatten, hat dieser Angriff die Konfrontation zugespitzt.

Ein Raketenhagel von 58 Marschflugkörpern prasselt auf Syriens Luftwaffenstützpunkt Al-Shairat nieder.

Syriens Präsident Assad bestreitet, hinter dem perfiden Giftgasanschlag zu stecken. Er beschuldigt die USA.

Trauer und Wehklagen um die 44 Christen, die dem Terror zum Opfer fielen.

Krone-Chronik April 2017

- In den kolumbianischen Anden löscht eine Schlammlawine bei Mocoa einen ganzen Ort aus. Mehr als 300 Tote sind zu beklagen, 40.000 Menschen sind von der Naturkatastrophe betroffen.
- Das von 1,2 Millionen Österreichern unterzeichnete und von einer „Krone"-Kampagne begleitete Gen-Volksbegehren feiert seinen 20. Jahrestag. Lothar Lockl und Ulli Sima deckten 1997 den illegalen Gengemüseanbau auf.
- Jetzt steht es fest: Die Grazer Amokfahrt im Juni 2015 war Mord (3 Tote, 52 Verletzte). Lebenslang für Alen R. (27).

44 Tote, 120 Verletzte bei IS-Anschlägen auf Kirchen in Ägypten

Ein Palmsonntag der Tränen: Bomben vor dem Papstbesuch

Blutiger Palmsonntag in Ägypten mit zwei Selbstmordattentaten vor dem baldigen Besuch des Heiligen Vaters: Dutzende Todesopfer erst in einer koptischen Kirche in der Stadt Tanta am Nil-Delta, wenig später außerhalb eines christlichen Gebetshauses in Alexandria – Schock in Ägypten und Angst unter den Christen!

Schließlich reklamiert die Terrormiliz Islamischer Staat (IS) die beiden Anschläge für sich: „Diese Angriffe richten sich gegen den Besuch des Papstes!" Dennoch zeigt Ägypten Größe: Viele muslimische Einheimische spenden Blut für die verletzten Terroropfer. Auch das Oberhaupt der Muslime drückt sein tiefes Mitgefühl aus. Tatsache ist, dass die koptischen Christen im Land am Nil seit Langem im Visier islamistischer Gruppen sind. Die Kopten bilden die größte christliche Glaubensgemeinschaft im Nahen Osten und machen etwa 10 Prozent der 90 Millionen Einwohner Ägyptens aus. Papst Franziskus, der nach Ostern nach Ägypten reist, bringt seine Solidarität mit den Kopten zum Ausdruck. Beim Angelusgebet am Palmsonntag verurteilt er den Anschlag und bittet, „dass Gott die Herzen der Menschen bekehre, die Terror, Gewalt und Tod verbreiten". Dann betet er für die Toten sowie für alle Menschen, die aufgrund von Kriegen leiden müssen.

Franziskus: betroffen und nachdenklich mit Palmzweig

Der Herminator im Universum

Für eine neue Folge der Erfolgsdoku „Universum" ist Hermann Maier im Montafon unterwegs. Unterstützt wird der Herminator von seiner ehemaligen Ski-Kollegin Anita Wachter. Sie ist dort zu Hause. „Es war mir eine Ehre, Hermann unsere unvergleichbare Landschaft und Natur näherzubringen", so die Schrunserin in Erinnerung an gemeinsame Hemingway-Dreharbeiten.

Historischer Erfolg für Salzburgs Jungstars! Das U-19-Team von Red Bull besiegt im Finale der Youth League im Schweizer Nyon Benfica Lissabon sensationell mit 2:1 und sorgt damit für den ersten Europacup-Triumph eines österreichischen Fußball-Teams. „Dieser Erfolg ist die klare Folge großartiger Nachwuchsarbeit. Der Plan von Didi Mateschitz und seiner Akademie geht nun auf", so das Resümee von „Krone"-Sportkommentatorin Anja Richter.

„Kleine Fotopanne", so dezent berichtet „Krone"-Adabei-Sir Kálmán Gergely vom Hoppala bei der Eröffnung des marokkanischen Restaurants Alhambra in der Wiener Lugner City. „Andrea vom Badesee", Richard Lugners neue, um 34 Jahre jüngere Begleiterin passiert eine klitzekleine Panne: Während der Baulöwe einschenkt, gerät ihr Outfit kurz in Vergessenheit, und Andrea lässt tief blicken.

Crash im Bahnhof > 47 Fahrgäste aus den Waggons geborgen

Zugsunglück mitten in Wien Railjet kippt um: 9 Verletzte!

Nachdem ein Regionalzug ein Haltesignal überfahren hat, kracht die ÖBB-Garnitur gegen einen Railjet! Die Kollision ist dermaßen heftig, dass Waggons aus den Gleisen springen und kippen. 47 Personen werden aus den Wägen geborgen, neun Fahrgäste erleiden Verletzungen.

Am Karsamstag prallt ein Regionalexpresszug gegen einen Railjet. „Beide Züge waren im Anfahren, sodass der Zusammenstoß mit relativ geringer Geschwindigkeit passiert ist", so ÖBB-Pressesprecher Roman Hahslinger. Die Rettungskette läuft dann wie am Schnürchen. Beide Züge werden rasch evakuiert, neun – zum Glück nur leicht verletzte – Fahrgäste medizinisch betreut.

Ebenso professionell wie die Rettungsaktion der Blaulichtorganisationen können bereits am Ostersonntag die entgleisten tonnenschweren Waggons mit Kranwägen wieder in die Schienen gehoben werden.

Die spektakulären „Krone"-Bilder der aus den Schienen katapultierten Waggons spiegeln die gewaltige Wucht des Aufpralls wider.

Fotografen als Jäger:

Paparazzi halten Ladys auf Trab . . .

Österreichs Operndiva Anna Netrebko und das US-Model Kim Kardashian sind nur zwei der High-Society-Ladys, auf die Paparazzi mit ihren Kameras weltweit Jagd machen: überall, jederzeit und zumeist rücksichtslos . . .

Allerdings schlägt Anna der Fotografenmeute ein Schnippchen: Sie zeigt sich frühlingshaft und leicht im Big Apple. Ganz die Diva, präsentiert Netrebko voller Stolz ihre neuen schlankeren Kurven und verrät unserem „Krone-“Adabei-Boss Norman Schenz ihr Diät-Geheimnis: „Viel Liebe!“

Anders hingegen erwischt das Blitzlichtgewitter Kim Kardashian. Denn die sonst so makellose Kehrseite der Multimillionärin wird von Paparazzi, die sie bis nach Mexiko verfolgen, nicht besonders vorteilhaft fotografiert. Kim nimmt den folgenden Shitstorm über angebliche Dellen an Po und Oberschenkel gelassen und gönnt sich einen Milchshake.

„Viel Liebe“ bringt Anna (li.) wieder ihre Traumfigur. Kim Kardashian (re.) von Paparazzi unvorteilhaft erwischt – oder nur ein böses Fake?

Erster Werbe-Spot im Internet sorgt für Aufsehen > Wahlkampf läuft bereits an:

Kern, der neue „Pizza-Kanzler“

„Ich will für euch Politik machen“, so beginnt Christian Kern einen ins Internet gestellten Werbefilm. Der Bundeskanzler spielt einen Pizza-Boten: „Ich komme einfach bei euch vorbei, zu Hause. Wird sicher ein großer Spaß.“ Das Video aus der SPÖ-Zentrale gilt als weiterer Hinweis darauf, dass der Wahlkampf angelaufen ist.

Offiziell heißt es von Bundesgeschäftsführer Georg Niedermühlbichler, dass es sich bei dem Aktionismus um den Auftakt einer neuen Zuhörkampagne handle. Tatsächlich imitiert der „politische Pizza-Bote“ ein Vorbild aus Israel (2014).

Danach wirbt Kern gleich mit einem Burger. „Mit Pizza und Burger will die Kanzler-Partei die Mittelschicht ansprechen. Nur: Wer alles will, bekommt am Ende nichts“, so der gesalzene Kommentar von „Krone“-Politikchef Claus Pándi.

Kerns große Werbetour: vom Pizza-Kanzler zum Burger-King

Was uns bewegt

IRINA LINO

Kopftuch-Sager

Ich glaube nicht, dass er viel gedacht hat, bei seinem Kopftuch-Sager. Ich nehme Van der Bellen aber auch nicht ab, dass sein Kommentar rein ironisch gemeint war, wie er betont, seit die Wogen hochgehen.

Als Zeichen der Solidarität sollen wir Frauen bald alle Kopftücher tragen? Wie soll ich das verstehen, Herr Bundespräsident? Ich soll mich verhüllen, damit sich Zwangsverhüllte besser fühlen? Aber vielleicht meinen Sie ja, ich als emanzipierte Mitteleuropäerin habe die freie Wahl und kann es mir leisten, ein sichtbares Zeichen zu setzen, so von Frau zu Frau.

Von Kolumnistin zu Bundespräsident: Ich glaube nicht, dass Sie das Problem enthüllen, wenn Sie Körperteile verhüllen. Denn nicht das Tuch ist der Stoff, aus dem religiöse Unterdrückung gewoben ist, sondern die Fanatiker dahinter, die den Islam für ihre Zwecke missbrauchen. Viele Muslime wollen den Schleier gar nicht ablegen. Natürlich! Unverschleiert sind sie Opfer schlimmster Diskriminierung und Ächtung.

Ich glaube nicht, dass man mit Fundamentalisten, die derlei befürworten, reden kann. Aber ein Verschleierungsverbot könnte Frauen vielleicht aus dem Einflussbereich dieser Männer nehmen, damit sie den Kopf freikriegen – für echte Selbstbestimmung.

Wenn Sie also das nächste Mal einen „Stoff" in den Mund nehmen, der für Aufregung sorgt, machen Sie sich lieber dafür stark, dass Frauen gerecht entlohnt werden, Herr Bundespräsident. Dann sind wir alle bald „gut betucht". Aber auf der richtigen Ebene!

Nach Van der Bellens misslungener „Scherz-Ansage" vom „Kopftuch für alle" hagelt es Kritik.

Wirbel um „sehr zugespitzte Aussage" von Van der Bellen:

„Präsidenten-Kopftuch-Sager" sorgt international für Proteste

Ein „Scherz" von Präsident Van der Bellen misslingt ordentlich: Bei einer Diskussion zum Thema Kopftuchverbot meint er: „Bei der tatsächlich um sich greifenden Islamophobie wird noch der Tag kommen, wo wir alle Frauen bitten müssen, ein Kopftuch zu tragen . . ."

„ . . . Alle, aus Solidarität gegenüber, die es aus religiösen Gründen tun", so das Zitat. Der Bundespräsident betont, dass die Äußerung ironisch gemeint, sehr zugespitzt und pointiert war. Nichtsdestotrotz hagelt es heftige Reaktionen. FPÖ-Generalsekretär Kickl spricht vom „integrationspolitischen Amoklauf". Birol Kilic, Obmann der Türkischen Kulturgemeinde, stellt klar: „Diese Solidarität ist eine Unterstützung der Unterdrücker, der Diskriminierung und der religiösen Klerikalfaschisten der politischen Islamanhänger. Dann zieht Van der Bellen sogar einen umstrittenen NS-Vergleich als Erklärungsversuch heran: „Während der deutschen Besatzung haben viele Dänen einen Davidstern als Zeichen der Solidarität getragen."

Dominics erster Sieg gegen die Nummer eins!

„Ein Meilenstein!", so bringt „Krone"-Tennisexperte Peter Moizi Dominic Thiems Matchgewinn gegen Andy Murray auf den Punkt. Denn der Semifinal-Triumph beim Turnier in Barcelona bedeutet für Österreichs Tennis-Ass den ersten Sieg gegen eine Nummer eins. Dominic glänzt mit Powertennis, da ist dann selbst die Finalniederlage gegen Rafael Nadal verkraftbar.

Krone-Chronik April 2017

- Generationswechsel im Linzer Landhaus: Josef Pühringer (67) übergibt die ÖVP-Oberösterreich an Thomas Stelzer (50), der zum neuen Landeshauptmann gewählt wird.
- Die Türkei leidet unter der Rekord-Inflation von mehr als elf Prozent.
- US-Ärzte liegen bei mehr als 20 Prozent ihrer Diagnosen daneben! Das ergibt eine Untersuchung des „Journal of Evaluation in Clinical Practice".

Gere lüftet im „Krone"-Interview Geheimnis

Die ganze Wahrheit über Pretty Woman

„Pretty Woman" war ursprünglich keine romantische Komödie, sondern ein Drama ohne Happy End. Das verrät Richard Gere (67) im „Krone"-Interview mit Dirk Sindermann. Laut Original-Drehbuch verliebt sich Herzensbrecher Edward nicht in die Prostituierte Vivian (Julia Roberts), stattdessen wird sie von ihrem betuchten Freier aus einer Stretch-Limousine geworfen und stirbt später an einer Überdosis! Zum Glück wurde das Ganze zur Liebesgeschichte umgeschrieben – und so zum Kultfilm!

Richard Gere & Julia Roberts als Kultpaar in „Pretty Woman", anno 1990

Die Alitalia steuert Richtung Konkurs! Italiens Fluglinie steht vor dem Aus. 90% der Mitarbeiter haben über den Sanierungsplan abgestimmt, der Personal- und Gehaltskürzungen vorsah – zwei Drittel waren dagegen. Danach steht Alitalia unter Sonderverwaltung: Der Staat hält Alitalia mit 600 Millionen Euro Brückenkredit in der Luft, um Zeit für einen Verkaufsprozess zu gewinnen.

60 Gangster stürmen Gelddepot in Paraguay

30 Millionen $ Beute bei Jahrhundert-Raub

Mit Sprengsätzen, Sturmgewehren und Motorbooten verüben rund 60 Gangster einen beispiellosen Millionenraub in Paraguay. Der womöglich größte Überfall der Geschichte war perfekt geplant und brutal ausgeführt: Beim zweistündigen Angriff auf den Tresor eines Geldtransporterunternehmens in Ciudad del Este erbeuten die Verbrecher rund 30 Millionen Dollar. Die Spur der Täter, die mit Booten über den Río Paraná flüchteten, führt nach Brasilien. Auf der Flucht kommt es zu tödlichen Schusswechseln zwischen den Uniformierten und Mitgliedern der Verbrecherbande „Primeiro Comando da Capital".

Das Foto zeigt das durch Sprengsätze völlig zerstörte Gelddepot.

Familienbild aus besseren Zeiten; Front des Mordhauses

Gewalttat als Suizid der Frau getarnt:

Sturz von Terrasse war eiskalter Mord

Schock im Botschaftsviertel in Wien-Wieden: Die Mutter eines Mädchens muss einen heftigen Streit mit ihrem Lebensgefährten mit dem Leben bezahlen. Der mutmaßliche Täter – er gesteht schließlich, die Frau von der Terrasse gestoßen zu haben – wird inhaftiert.

Auch wenn der verdächtige EDV-Techniker zunächst beteuert, zum Zeitpunkt des Todes der Frau woanders gewesen zu sein, bricht das Lügenkonstrukt vom Selbstmord der erfolgreichen Bankerin rasch zusammen. Schließlich gesteht der 48-Jährige – es gilt die Unschuldsvermutung –, dass es bei einem wüsten Ehestreit zu Handgreiflichkeiten gekommen sei. Seine Frau sei dabei von der Terrasse 15 Meter in die Tiefe gestürzt.

Nordkoreas Kim „Babyface" Jong-un

Diktator Kim

Die koreanische Halbinsel könnte tatsächlich am Rande eines Atomkrieges stehen: Denn nach dem immer lauter werdenden Säbelrasseln zwischen dem stalinistischen Nordkorea und den USA lässt der nordkoreanische Diktator Kim Jong-un seinen Vizeverteidigungsminister mit einem nuklearen Erstschlag drohen.

Angesichts wachsender Spannungen nach den ständigen Raketentests verlegen die USA mehrere Kriegsschiffe vor die Halbinsel, gleichsam als Warnung an den Atombombenzündler „Babyface" Kim III.

So ist der Flugzeugträger „USS Carl Vinson" aus Singapur Richtung Norden ausgelaufen. Präsident Donald Trump kündigt dann polternd an, „das Problem Nordkorea allein und ohne China zu lösen." Die USA befürchten nämlich, dass nordkoreanische Atomraketen eines Tages amerikanisches Festland erreichen könnten.

„Sollten die USA eine militärische Attacke gegen uns planen", droht der stellvertretende nordkoreanische Verteidigungsminister Han Song-ryol postwendend in einem BBC-Interview, „werden wir in unserem Stil und mit unserer Methode mit einem nuklearen Erstschlag antworten."

Drogen in Charlie's Privatjet erschnüffelt

„Bei der Landung war er betrunken und wollte pinkeln", so ein Augenzeuge über die Ankunft des US-Serienstars Charlie Sheen in seinem Privatjet in San Diego nach einem Mexiko-Urlaub. Ein Drogenhund schlug Alarm, doch laut „Globe" sollen Zollbehörden dies verschleiert haben.

kündigt erneut nuklearen Erstschlag gegen seine Feinde an:

droht mit Atomkrieg!

Bei der großen Parade in Pjöngjang lässt Diktator Kim Jong-un alles auffahren und -marschieren, was sein Militär zu bieten hat. Nach der nuklearen Erstschlagdrohung verlegt US-Präsident Trump einen Flottenverband Richtung Korea.

Thema des Tages

CHRISTIAN HAUENSTEIN
christian.hauenstein@kronenzeitung.at

Atomarer Donner

„Tag der Sonne" in Nordkorea, dem bizarrsten und derzeit wohl auch gefährlichsten Land der Welt. An diesem Tag wird traditionell mit einer großen Militärparade der Geburtstag von Staatsgründer Kim Il-sung gefeiert, diesmal der 105. Auch 23 Jahre nach seinem Tod ist Kim I. – der Großvater des jetzigen Diktators Kim III. – immer noch allgegenwärtig, gilt er doch als „ewiger Präsident".

Das stalinistische Regime in dem neben Turkmenistan wohl abgeschottetsten Land der Welt hat über Jahrzehnte gelernt, dass es sich mit martialischen Drohungen und Provokationen ganz gut leben lässt. Und dass Atomwaffen – am besten solche, mit denen sich auch der amerikanische Kontinent erreichen lässt – eine Art Überlebensgarantie sein können. Die „Aggression aus den USA" schweißt die gehirngewaschene nordkoreanische Gesellschaft zusammen und vereint sie hinter ihrem Führer Kim Jong-un. Somit sichert der Außenfeind indirekt die Kim-Diktatur.

Diese Provokationen gehören also zum Spiel. Doch diesmal scheint alles viel ernster und gefährlicher als in den vergangenen Jahren. Denn Kim hat tatsächlich Atomsprengköpfe, und US-Präsident Trump hat angedroht, das „Problem Nordkorea im Alleingang" zu lösen, falls China das mit seinem Einfluss auf das Land nicht schaffen sollte.

Da klingt es schon sehr beunruhigend, wenn Nordkorea für den Fall eines US-Angriffes „atomaren Donner und strafende Blitze" ankündigt. Denn Kim Jong-un ist alles zuzutrauen.

Brite Joshua entthront Champ Klitschko:

Neuer Box-Superstar

Die Ära der Klitschko-Brüder im Box-Schwergewicht scheint vorbei zu sein. In einem hochspannenden Kampf vor 90.000 Fans in der Wembley Arena gewinnt der bisher unbesiegte Brite Anthony Joshua gegen den um 14 Jahre älteren Wladimir Klitschko durch technisches K. o. in der elften Runde. Damit holt sich der 27-Jährige alle drei Gürtel.

Krachende Schläge – und der Augenblick des Triumphs

Romy Schneiders Grab geschändet

Polizei am Grab von Romy Schneider: Vorerst unbekannte Täter haben die Totengruft der als Kaiserin „Sissi" unvergesslichen, 1982 im Alter von 43 Jahren verstorbenen Schauspielerin auf dem Friedhof von Boissy-sans-Avoir westlich von Paris geöffnet. Die gebürtige Wienerin ruht dort mit ihrem Sohn David, der bei einem tragischen Unfall mit 14 Jahren verstarb.

Mit Pistole in Wien ➤ Deutscher Soldat führt Doppelleben als syrischer Flüchtling

„Terror-Offizier" hat Todesliste

Riesen-Aufregung um einen deutschen Bundeswehrsoldaten! Nachdem Offizier Franco A. beim Abholen einer auf dem Wiener Flughafen im Wartungsschacht versteckten Pistole gefasst wird, fliegt sein Doppelleben auf. Der Terrorverdächtige – er hat eine Todesliste mit Namen prominenter Politiker – tarnt sich als syrischer Flüchtling.

FREITAG, 28. APRIL 2017

Bild

Verhaftet wegen Terror-Verdachts

Deutscher Offizier

DOPPELLEBEN ALS SYRISCHER FLÜCHTLING

Framstag

5€ Sofortrabatt

PENNY.

Obwohl er kein Wort Arabisch spricht, wird er von den deutschen Behörden als Kriegsflüchtling anerkannt und kassiert fortan sogar Sozialgeld. Alles fliegt auf, nachdem Offizier Franco A. beim Abholen einer auf dem Wiener Flughafen versteckten geladenen Pistole gestoppt wird. Die von aufmerksamen Putztrupps alarmierte Polizei wartet schon auf den Bundeswehrsoldaten. Ermittlungen ergeben dann, dass der 28-jährige Oberleutnant eine Todesliste mit den Namen mehrerer deutscher Politiker führte.

⊲ Bei der deutschen Bundeswehr fliegt ein Skandal auf: Ein mutmaßlicher „Terror-Offizier", der ein Doppelleben als syrischer Flüchtling (oben die „Bild"-Schlagzeile) führt, hat eine Todesliste mit Politikernamen wie Justizminister Heiko Maas oder Alt-Bundespräsident Joachim Gauck erstellt.

Punk-Bankräuber nimmt eine Geisel

Die Tiroler Gemeinde Erpfendorf gleicht für Stunden einer Hochsicherheits-Festung. Bei einem Banküberfall nimmt ein aus der Punker-Szene bekannter Täter einen Taxifahrer, mit dem er sich zuvor in die Filiale chauffieren lässt, als Geisel. „Nach einem Nervenkrimi, bei dem der Verdächtige auch mit Sprengfallen am Opfer droht, ergibt er sich der Cobra“, so „Krone“-Redakteur Hubert Rauth.

Die Trumps auf großer Reise: Israel & Saudis

Die erste große Auslandsreise von Familie Trump sorgt gleich für gehörigen Gesprächsstoff. First Lady Melania zeigt sich etwa bei den radikal-konservativen Führern in Saudi Arabien – wie Tochter Ivanka – selbstbewusst ohne Kopftuch (Bild links). Und Donald Trump geht nach einem Milliarden-Waffendeal mit den Scheichs beim Staatsbesuch in Israel als erster amtierender amerikanischer Präsident an die Klagemauer in der Jerusalemer Altstadt.

Krone-Chronik Mai 2017

- Tiefe Trauer um den Vater der Heim-EURO 2008, Beppo Mauhart. Der ehemalige verdiente Präsident des österreichischen Fußballbundes (von 1984 bis 2002) stirbt im Alter von 83 Jahren.
- Bei einem erneuten Hubschrauber-Drama am Achensee (Tirol), sechs Jahre nach dem Absturz eines Polizei-Helis, sterben zwei Menschen. Die „Bell 47“ kracht gegen eine Materialseilbahn.
- Der 17-jährige Amerikaner Davis Allen Cripe erleidet nach drei koffeeinhältigen Getränken, die er binnen kurzer Zeit zu sich nimmt, einen plötzlichen Herztod.

Volks-Rock'n'Roller auch bald aus Wachs

Gabalier sorgt mit Kopftuch für Wirbel

Rockt mit Kopftuch und als Wachs-Zwilling (Bild unten): Austro-Star Andreas Gabalier.

Er sorgt nicht nur musikalisch für Schlagzeilen: Volks-Rock'n'Roller Andreas Gabalier kritisiert in einem Facebook-Posting mit Millionen Zugriffen den missglückten Kopftuch-Sager des Bundespräsidenten: „Nachdem für Sie der Tag noch kommen wird, an dem wir alle Frauen bitten werden müssen, ein Kopftuch zu tragen (. . .), habe ich mir heute schon einmal eines aus Solidarität aufgesetzt.“ Im Interview mit „Krone“-Redakteur Thomas Bauer legt der Austro-Star nach: „Ich war schockiert von den Aussagen.“ Freuen kann sich Gabalier übrigens laut „Krone“-Redakteurin Maida Dedagic ab Herbst über seinen Wachs-Zwilling bei Madame Tussauds im Wiener Prater.

Während Salzburg und die österreichischen Trainerstars Stöger bzw. Hasenhüttl top sind, hofft Rapid mit Trainer Goran Djuricin auf die neue Fußballsaison.

In heimischer Meisterschaft holt Salzburg das vierte Double in Serie

Österreichische Trainer-Stars mischen deutschen Fußball auf

Red Bull Salzburg dominiert die heimische Fußballmeisterschaft erneut. Die Mannschaft holt sich zum vierten Mal in Serie mit dem Cupsieg ein historisches Double. Für Furore sorgen indes mit Ralph Hasenhüttl und Peter Stöger zwei Trainer in der deutschen Bundesliga.

Während die Salzburger wieder einmal um die Qualifikation zur Champions League spielt, kämpfen Sturm, Altach und die Austria um Plätze in der Europa League. Der zweite Wiener Traditionsverein Rapid durchlebt in dieser Saison indes turbulente Zeiten. Nach zwei gefeuerten Trainern verfehlt die Mannschaft – auch durch die Niederlage im Cupfinale – das internationale Geschäft.

Auf dem Parkett der Großen aufspielen können zwei österreichische Trainer in Deutschland. Peter Stöger qualifiziert sich mit seinem FC Köln – erstmals nach 25 Jahren – für die Europa League, Ralph Hasenhüttl mit Red Bull Leipzig – dem zweiten Klub von Dosenmilliardär Dietrich Mateschitz – sogar als zweiter hinter Bayern für die Königsklasse.

Riesenglück für Krankenschwester Melanie Brunner (28) und ihren vierjährigen Sohn Finn: Eine vom Sturm wie ein Streichholz geknickte Buche stürzt auf das Auto der jungen Mutter – sie und das Kind bleiben unverletzt! „Vom Kirchenkonzert haben uns Schutzengerl heimbegleitet", so die Frau zu „Krone"-Fotograf Franz Crepaz.

Vermisstenrätsel

Krimi um liegt bei

Das Rätsel um den seit knapp einem Jahr vermissten 63-jährigen Salzburger Millionärs Dr. Roland Krenn wird zum Krimi: Seine Leiche wird bei einem Gastwirt im Viehtrog gefunden.

Zur spektakulären Wende im Fall des seit Juli 2016 abgängigen Sprosses eines Security-Imperiums kommt es, da ein 23-jähriger Musiker

Falscher Embryo bei Kinderwunsch aus Labor

Das vertauschte Leben: Suche nach den Eltern

Diese Geschichte geht zu Herzen: Bei der künstlichen Befruchtung in einer Bregenzer Klinik wird einer Frau der falsche Embryo eingesetzt – Kristina, so heißt die Tochter, weiß jahrelang nichts vom vertauschten Leben. Jetzt ist sie auf der Suche nach ihren leiblichen Eltern.

Nach einem DNA-Test ist klar, dass Kristinas Mutter, die sich ihren Kinderwunsch aus dem Labor in Vorarlberg erfüllen lässt, damals der falsche Embryo eingesetzt wurde. Kurios: Zur Panne in der Klinik kommt es, weil der Arzt beim Vermischen von Ei- und Samenzelle seine Brille abnimmt. Im Gespräch mit „Krone"-Reporterin Brigitte Quint schildert die heute 26-jährige bildhübsche Schweizerin ihr Schicksal. „Es geht mir nicht ums Geld, sondern um die Wahrheit", erzählt sie ihre Geschichte.

Denn mittlerweile ist mit dem Mediziner, der die junge Frau der Erpressung bezichtigt, ein Rechtsstreit ausgebrochen. Kristina selber erhofft sich aber nur eins: „Vielleicht melden sich meine Eltern von selber."

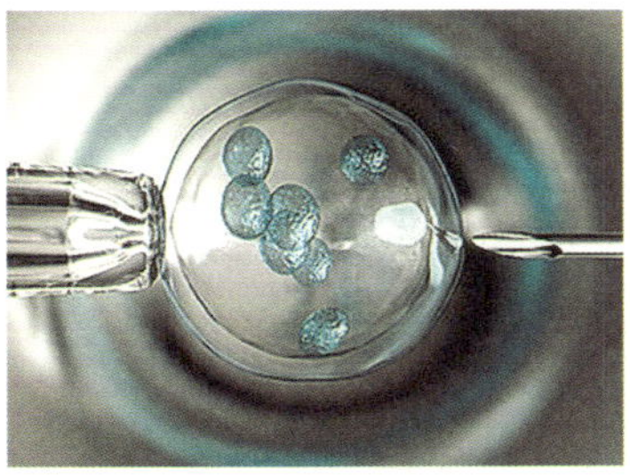

Blick in den Spiegel: das im Reagenzglas vertauschte Leben

Unter der Haube ist jetzt auch die Schwester von Herzogin Kate, Pippa Middleton. Die 33-Jährige heiratet den reichen britischen Investor James Matthews. Die heimlichen Stars sind aber die süßen royalen Blumenkinder Prinz George und seine Schwester Charlotte (Bild im Vordergrund). Prinz Harry nimmt seine neue Flamme, Schauspielerin Meghan Markle, übrigens ganz traditionell erst zur Party nach der kirchlichen Trauung mit.

um 63-jährigen Salzburger wird Mordfall

Millionär: Leiche Gastwirt in Trog!

verhaftet wird. Der junge Mann gesteht, beim Verstecken der Leiche geholfen zu haben. Ein Gastwirt aus Oberösterreich gilt als Mordverdächtiger, für ihn klicken die Handschellen. Im Stall neben seinem alten Bauernhof im Grenzgebiet zu Salzburg finden die ermittelnden Beamten im Viehtrog dann den – wie sich später herausstellt – erdrosselten Dr. Roland Krenn.

„Der leidenschaftliche Sammler von Oldtimern dürfte im eigenen Dodge zum Bauernhof gebracht worden sein", so „Krone"-Redakteurin Manuela Kappes ein makaberes Detail. Der 28-jährige mutmaßliche Haupttäter beteuert laut Anwalt freilich seine Unschuld, will mit dem Verbrechen nichts zu tun haben. Er soll aber mit Kokain gedealt und Spielschulden gehabt haben.

Im alten Bauernhof wird die Leiche des leidenschaftlichen Oldtimer-Sammlers gefunden.

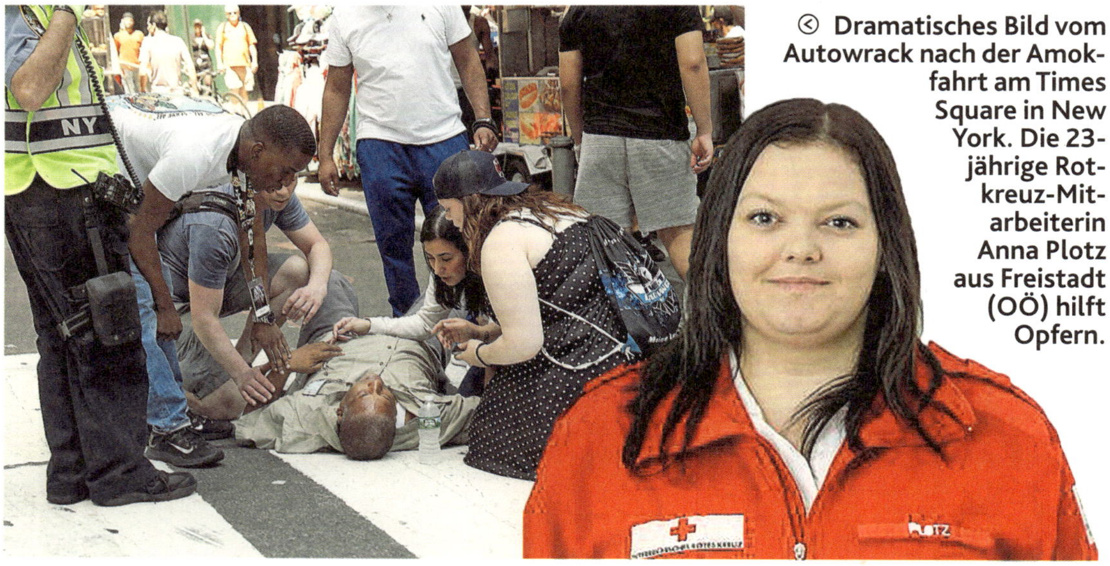

Ⓒ Dramatisches Bild vom Autowrack nach der Amokfahrt am Times Square in New York. Die 23-jährige Rotkreuz-Mitarbeiterin Anna Plotz aus Freistadt (OÖ) hilft Opfern.

New York: Auto rast in Menschenmenge ▶ Sofort geholfen

Österreicherin als Heldin bei Amokfahrt am Times Square

Als Ex-Soldat Ricardo Rojas im Drogenrausch am weltberühmten Times Square in eine Menschenmenge rast, überlebt eine junge Österreicherin nur knapp. Die 23-jährige Rot-Kreuz-Mitarbeiterin Anna Plotz aus Freistadt (OÖ) leistet Opfern der Amokfahrt sofort Erste Hilfe und wird als Heldin von New York gefeiert.

Nur mit einem Sprung zur Seite kann sich die junge Frau retten. „Er hat mich gerade nicht erwischt. Ohne Ausrüstung ist es nicht so leicht, mehr zu tun, als die Leute zu beruhigen. Ich habe aber laufend den Puls kontrolliert", schildert die couragierte Rot-Kreuz-Mitarbeiterin im Gespräch mit „Krone"-Redakteur Markus Schütz die dramatischen Momente in New York.

Bei der Amokfahrt stirbt eine 18-jährige Amerikanerin, es gibt mindestens 20 Verletzte. Hinter dem Steuer sitzt der frühere Marine-Soldat Ricardo Rojas im Drogenrausch. Der 26-Jährige wollte offenbar selbst von der Polizei getötet werden, wird jetzt aber wegen Mordes angeklagt.

IS-Anschlag durch

Bombe

Europa bleibt im Würgegriff des islamistischen Terrors! Bei einem Selbstmordanschlag im englischen Manchester sterben 22 vorwiegend junge Besucher des Pop-Konzerts von Teenie-Superstar Ariana Grande. Besonders grausam: der Rucksack-Bomber zündet seine teuflische Sprengfalle nach Ende der Veranstaltung, als Eltern ihre Kinder abholen. . .

Der 23-jährige Sohn einer libyschen Auswandererfamilie zündet den mit Nägeln und Muttern gefüllten Bombenrucksack im Foyer der bekannten Konzerthalle. Unter den Toten sind viele Kinder und Jugendliche, das jüngste Opfer ist ein erst acht Jahre altes Mädchen. Britische Behörden waren von Verwandten des Selbstmordattentäters, der aus Rache für den Tod von Muslimen handelte, im Vorfeld

Ⓐ IS-Bomber Salman Abedi auf dem Weg zum Konzert. Während Sikhs in Manchester gegen den Terror protestieren, besucht die Queen die verletzte 15-jährige Millie Robson im Spital (ganz re.).

Selbstmordattentäter im englischen Manchester sorgt für weltweites Entsetzen

bei Konzert gezündet: 22 Tote

Der Schock steht diesem Mädchen ins Gesicht geschrieben. Rechts: die „Krone"-Schlagzeile

Mittwoch, 24. Mai 2017 / Nr. 20.507, €1,–
Wien Krone
Kronen Zeitung
www.krone.at
Wien 19, Muthgasse 2, ☎ 05 7060-0
ABO-SERVICE: ☎ 05 7060-600

Jetzt holt sich der Terror die Kinder

Entsetzen nach Anschlag auf Konzert im englischen Manchester
Mindestens 23 Tote und 60 Verletzte, darunter viele Jugendliche

21.000 Fans bejubelten das Konzert der US-Sängerin Ariana Grande in Manchester, als ein IS-Selbstmordattentäter eine Bombe zündete. Georgina Callander (auf dem Fanfoto rechts mit ihrem Idol Grande) wurde als erstes Opfer identifiziert – viele Kinder und Jugendliche entkamen dem Anschlag nur knapp. Alle Hintergründe auf den Seiten 2 bis 7.

gewarnt worden. Bei Reisen nach Syrien und Libyen hatte Salman Abedi Kontakte zu IS-Hintermännern.

Sängerin Ariana Grande und Weltstars wie Justin Bieber, Coldplay, Miley Cyrus, Katy Perry, Take That und Robbie Williams trotzen samt ihren Fans aber der Angst und geben zwei Wochen nach dem Anschlag ein Benefizkonzert für die Opfer in Manchester.

„Eine Liebe für Manchester" – die Teenie-Superstars Ariana Grande und Miley Cyrus singen für die Opfer des Bombenanschlags.

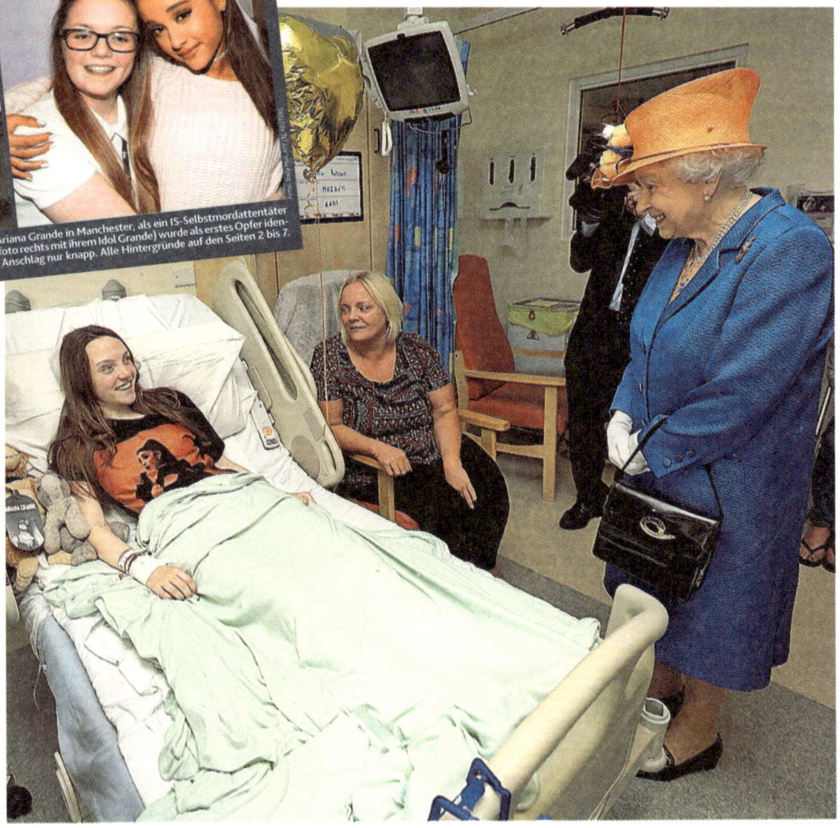

Ex-Banker wird Präsident in Frankreich > Europa noch einmal davongekommen:

Grande Nation setzt auf Macron

Er ist der neue Polit-Star in Europa: Der frühere Wirtschaftsminister Emmanuel Macron triumphiert zuerst bei der Präsidentenwahl gegen Nationalistin Marine Le Pen, dann holt sich der parteilose Ex-Banker mit seiner neuen „Vorwärts"-Bewegung auch die Absolute im Parlament.

Der mit 39 Jahren jüngste Präsident Frankreichs hat früher als Investmentbanker für die Rothschilds gearbeitet und gründete als Wirtschaftsminister noch unter Vorgänger François Hollande die Bewegung „En Marche" (zu Deutsch „Vorwärts"). Ein Jahr später lässt der Polit-Jungstar Europa aufatmen. Denn in der Stichwahl gewinnt Macron gegen die Nationalfront von Marine Le Pen. Mit ihm zieht seine mit 64 um 25 Jahre ältere Ehefrau Brigitte als Première dame in den Elysée-Palast ein.

Wenige Wochen später holt sich der Präsident, der der Grande Nation wieder Selbstvertrauen gibt, mit seiner neuen Partei auch die Absolute bei der Parlamentswahl.

Le Pen als Marianne auf dem berühmten Gemälde „Die Freiheit führt das Volk" von Eugène Delacroix – doch gegen Macron hat sie keine Chance.

Unfall in Akademie:

Polizei-Lehrer schießt einen Kollegen an

Tragischer Unfall in der Sicherheitsakademie in Linz: Ein Polizei-Einsatztrainer (59) hantiert bei einer Besprechung immer wieder gefährlich (Holster auf, Waffe rauszuziehen, wieder reinstecken) mit seiner Dienstpistole. Dabei löst sich ein Schuss, und das 9-Millimeter-Projektil der „Glock 17" trifft einen Kollegen (46) in die Hand. „Krone"-Redakteur Markus Schütz berichtet: „Der Unglücksrabe dachte laut eigenen Angaben, er hätte eine ungeladene Übungswaffe gehabt." Der Vorfall wird polizeiintern untersucht.

100.000 Austro-Türken

Illegale

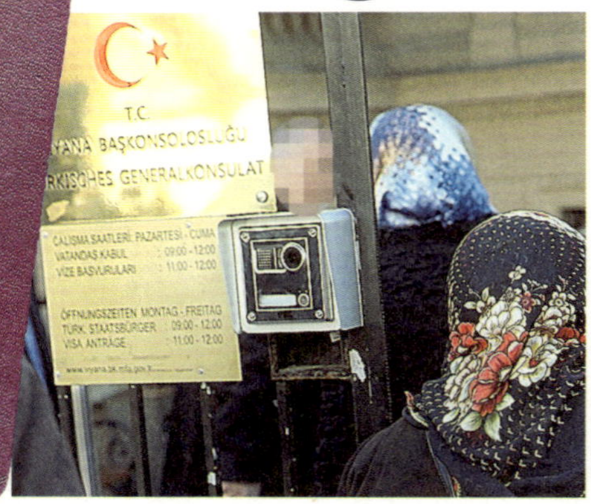

Der Sultan und die Doppelstaatsbürger: Auch Austro-Türken wählen beim Verfassungs-Referendum (o.)

Tiroler überzeugt, Portugal gewinnt den Song Contest

Nathan Trent schlägt sich beim Song Contest in der ukrainischen Metropole Kiev mit dem Titel „Running on Air" höchst achtbar. Der 25-jährige österreichische Jung-Musiker erreicht den 16. Platz. Den Titel holt erstmals seit 1964 und zuvor 48 Teilnahmen Portugal. Sänger Salvador Sobral begeistert mit „Amar pelos dois" die Jury und das Publikum. Eine schwere Niederlage gibt es erneut für Deutschland. Nachdem unser Nachbar in den beiden Vorjahren jeweils das Schlusslicht war, reicht es auch diesmal nur zum vorletzten Platz für Sängerin Levina.

auf Wählerevidenzliste werden überprüft ▸ Erdoğans Soldaten beim Bundesheer:

Doppelstaatsbürger im Visier

Helle Aufregung um (illegale) Doppelstaatsbürger in Österreich: Fast 100.000 Austro-Türken auf einer Wählerevidenzliste sind im Visier der Behörden. Sicherheitsalarm auch um Erdoğans Soldaten beim Heer.

Wie viele Landsleute haben einen rot-weiß-roten und einen türkischen Pass? Auf einer Wählerevidenzliste des Innenministeriums stehen jedenfalls 100.000 Namen. Ohne Mitwirkung der Behörden in Istanbul, Ankara & Co. ist eine Aberkennung der Staatsbürgerschaft aber kaum möglich.

Indes schlägt auch das Verteidigungsministerium wegen der Häufung von Anträgen auf Dienstzeitbestätigung Alarm. Auf Nachfrage kam von Präsenzdienern die Antwort, dass man diese zur Vorlage an türkische Behörden benötige – wohl um dort nicht den viel härteren und mit 12 Monaten doppelt so langen Militärdienst machen zu müssen.

Illegale Doppelstaatsbürger mit türkischem Pass beim Heer

Im „Viererpack" zur Matura! Seit der Volksschule sitzen die Vierlinge Tamara, Sarah, Jasmin und Vanessa Haas (Bild von links) in derselben Klasse. „Nun treten die Schwestern, allesamt ausgezeichnete Schülerinnen am Don-Bosco-Gymnasium in Unterwaltersdorf (Niederösterreich) gemeinsam zur Reifeprüfung an", so „Krone"-Redakteur Christoph Weisgram. Für die Schule ist es eine absolute Premiere.

Krone-Chronik Mai 2017

- Aufregung um das umstrittene Anhaltezentrum in Vordernberg (Stmk.): Fünf Schubhäftlinge – vier Algerier und ein Libyer – seilen sich mit Leintüchern aus ihrer Zelle ab. Der Massenausbruch wird aber noch vor dem Außenzaun vereitelt.
- Ein 25-jähriger Austro-Söldner aus Vorarlberg – er kämpfte schon gegen den IS in Syrien – wird aufgrund eines EU-Haftbefehls wegen Kriegsverbrechen in der Ukraine an der polnischen Grenze gefasst. Nach Österreich ausgeliefert, kommt er aber bald frei.
- Royale Rente für Prinz Philip: Bei einer kurzfristig einberufenen Sondersitzung verkündet der Buckingham-Palast, dass der 95-Jährige – seit 70 Jahren der Mann an der Seite der Queen – keine offiziellen Präsentationstermine mehr übernimmt.

Grüne Frontfrau Eva Glawischnig tritt zurück ▸ Zwei Frauen an der Parteispitze:

Polit-Abschied mit Tränen

In der österreichischen Innenpolitik bleibt im Mai kaum ein Stein auf dem anderen. Während Sebastian Kurz sich zum ÖVP-Chef hinaufpokert, tritt die Grünen-Chefin Eva Glawischnig wegen „körperlicher Warnsignale" unter Tränen von der Polit-Bühne ab.

Abschied: Eva Glawischnig verlässt, Hand in Hand mit ihrem Ehemann Volker Piesczek, das Parlament. Bild re.: die neuen grünen Frontfrauen Lunacek und Felipe

Seit 2008 war die mittlerweile 48-jährige, Mutter zweier Söhne, die grüne Frontfrau. Ihre Abschiedsrede ist höchst emotional. Sie spricht, teilweise mit den Tränen kämpfend, von „körperlichen Warnsignalen", aber auch über die Angriffe, die sie in den letzten Jahren über sich ergehen hatte lassen müssen. Natürlich hat der Rückzug von Eva Glawischnig aber auch mit dem bevorstehenden Wahlkampf zu tun. Die Öko-Partei ist zerstritten wie lange nicht, zuletzt probt die Parteijugend den Aufstand – und wird prompt hinausgeworfen.

Statt der ehemaligen Umweltaktivistin übernehmen nun zwei Frauen: Die EU-Abgeordnete Ulrike Lunacek wird Spitzenkandidatin, die Tirolerin Ingrid Felipe Bundessprecherin.

Alles oder nichts

Sonntag, 14. Mai 2017 / Nr. 20.497, €1,–
Wien Krone
Kronen Zeitung
UNABHÄNGIG
www.krone.at
Wien 19, Muthgasse 2, ☎ 05 7060-0
ABO-SERVICE: ☎ 05 7060-600

> Kurz stellt eigener Partei harte Bedingungen

> Er will mit neuer Liste in Neuwahl und ÖVP komplett umkrempeln

BERICHTE, ANALYSEN UND INTERVIEWS: SEITEN 2 BIS 8

Auf der Zielgeraden vor dem heutigen ÖVP-Bundesparteivorstand gibt Sebastian Kurz Vollgas: Er geht mit einem 7-Punkte-Programm ins Rennen, für das er volle Zustimmung erwartet. Es ist eine Generalvollmacht – sie erlaubt Kurz, mit eigenständiger Liste zu kandidieren.

Foto: Peter Tomschi

„Ich kann ÖVP nicht anbinden“

> Bundeskanzler Kern geht jetzt ... Neuwahlen aus – auc... Fehler hä...

Foto: EXPA/ Michael Gruber

Jung-Star Kurz steigt als neuer ÖVP-Chef in den Ring: Neuwahlen im Herbst

„Es ist genug!“

Donnerstag, 11. Mai 2017 / Nr. 20.494, €1,–
Wien Krone
Kronen Zeitung
UNABHÄNGIG
www.krone.at
Wien 19, Muthgasse 2, ☎ 05 7060-0
ABO-SERVICE: ☎ 05 7060-600

> Mitterlehner tritt als Vizekanzler und Chef der ÖVP zurück

> Hämische Kritik an Regierungsarbeit

> Kommt jetzt Kurz?

LETZTER öffentlicher Auftritt von Reinhold Mitterlehner als Vizekanzler vor Bekanntgabe des Rücktritts – im Tiergarten Schönbrunn mit Direktorin Schratter und Plüschgiraffe.
BERICHTE UND ANALYSEN SEITEN 1 BIS 6

Foto: Zwefo

Er ist mit seinen erst 31 Jahren halb so alt wie sein Vorgänger: Jung-Star Sebastian Kurz, Zukunftshoffnung der ÖVP, übernimmt das Ruder vom überraschend zurücktretenden Parteichef Reinhold Mitterlehner. Und der bisherige Außenminister verpasst der Volkspartei nicht nur mit Türkis statt Schwarz in den Farben einen komplett neuen Anstrich. Bundeskanzler Christian Kern reagiert verschnupft, stimmt aber vorgezogenen Wahlen zu.

Thema des Tages

DORIS VETTERMANN

Die Politik ist wieder spannend

„Alphatier bezeichnet in der Verhaltensforschung das Leittier einer Herde oder eines Rudels. Alphatiere sind in der Regel die kräftigsten, erfahrensten und aktivsten Tiere der Gruppe." Diese Wikipedia-Definition lässt sich pro-blemlos auf die Politik übertragen.

Mit Bundeskanzler Christian Kern und Herausforderer Sebastian Kurz steigen nun zwei Parteichefs, die man in freier Wildnis wohl getrost als Alphatiere bezeichnen könnte, in den Ring. Sie sind sich ähnlicher als ihnen lieb ist. Eloquentes Auftreten, eine gut gefeilte Rhetorik – und nicht zuletzt die möglichst schmal geschnittenen Anzüge. Das Duell garantiert einen spannenden Wahlkampf. Noch fesselnder wird es durch die Tatsache, dass sich Kern und Kurz nicht riechen können.

Die beiden haben es jedenfalls geschafft, bei vielen das Interesse an Politik wieder zu wecken.

Das Rennen um das Kanzleramt wird noch weiter Fahrt aufnehmen, denn es ist kein Zwei-, sondern ein Dreikampf. Mit FPÖ-Chef Heinz-Christian Strache mischt noch jemand mit, auf den – bis zum steilen Aufstieg von Norbert Hofer – alles in seiner Partei zugeschnitten war.

Straches Vorteil: Für ihn ist es – im Gegensatz zu Christian Kern und Sebastian Kurz – keine absolute Katastrophe, wenn er die Wahl nicht gewinnt. Und er wird in diesem Fall – wohl auch im Gegensatz zu den anderen – seinen Platz nicht räumen, sondern kann zufrieden verkünden, dass die FPÖ noch nie so gut war.

Fünfter Obmann in nur zehn Jahren ➔ ÖVP gibt ihrem jungen

„Liste Sebastian Kurz"

Zwei auf einer Augenhöhe: ÖVP-Chef Sebastian Kurz und SPÖ-Bundeskanzler Christian Kern. Ob es nach den vorgezogenen Wahlen die Chance für eine Neuauflage der großen Koalition gibt, ist allerdings mehr als fraglich. Zu tief sind die politischen Gräben mittlerweile. Auch die FPÖ mischt kräftig mit. Die vorgezogene Wahl verspricht Spannung.

Ein Jahr nach dem Paukenschlag bei den Roten mit dem fliegenden Kanzlerwechsel von Werner Faymann zu ÖBB-Chef Christian Kern hat auch die ÖVP ihren Knalleffekt: Der intern angeschlagene Parteiobmann Reinhold Mitterlehner tritt doch überraschend zurück, Sebastian Kurz als neuer starker Mann ruft Neuwahlen aus.

„Ich wünsche Ihnen einen schönen Sommer" – locker wie selten zuvor verabschiedet sich der bald 62-jährige Reinhold „Django" Mitterlehner von der Polit-Bühne. Ihm folgt mit erst 31 Jahren die Zukunftshoffnung der ÖVP, Sebastian Kurz. Um nicht das Schicksal seiner Vorgänger zu erleiden – die Schwarzen haben allein in den vergangenen zehn Jahren vier Obmänner verschlissen –, stellt der Außenminister an seine Partei sieben knallharte Forderungen.

Unter anderem will er eine eigene Bundesliste auch mit Kandidaten ohne Parteibuch, eine Reihung zwischen Männern und Frauen im Reißverschlussprinzip, also 50:50, Durchgriffsrecht bei den Ländern sowie volle Freiheit in Sachen Personal bzw. allfällige Koalitionsverhandlungen. Alles natürlich schriftlich verankert in den Statuten.

Und der harte Poker geht auf. „Krone"-Politikredakteurin Doris Vettermann: „Er bekommt die ganze Macht." Künftig heißt die ÖVP „Liste Sebastian Kurz – die neue Volkspartei". Der neue Chef fackelt auch bei der Farbe nicht lange: Türkis ist das neue Schwarz. Vizekanzler will der Außenminister, um nicht im politischen Alltag zu rasch beschädigt zu werden, freilich nicht sein – und schickt Justizminister Wolfgang Brandstetter ins Rennen. Bundeskanzler Kern kann das nach anfänglichem Widerstand genau so wenig verhindern wie vorgezogene Neuwahlen am 15. Oktober.

„Ich habe härtere Phasen erlebt als viele andere", offenbart Sebastian Kurz im „Krone"-Interview mit dem geschäftsführenden Chefredakteur Klaus Herrmann und Oliver Pokorny (re.).

Außenminister die ganze Macht > Vorgezogene Neuwahlen schon am 15. Oktober

wird die neue Volkspartei!

URLAUB nach seinem Polit-Abschied genießt Reinhold Mitterlehner in Sardinien. Lässig, locker und entspannt posiert der zurückgetretene ÖVP-Chef für ein Handy-Selfie am Pool seinen Hotels. Dieses und andere Bilder veröffentlichte „Django" auf seiner Facebook-Seite.

Szenen einer Polit-Scheidung: Das Manifest gegen Kern (ganz o.) und die harten Worte von Innenminister Sobotka (li. o. mit Cyber-Brille) an die Adresse des Kanzlers („Zug ist abgefahren"). Der vorgezogene Urnengang beschleunigt den Abgang von Wiens mächtigem rotem Landeschef Michael Häupl. Die neue ÖVP-Generalsekretärin Elisabeth Köstinger verspricht indes im Wahlkampf einen neuen Stil ohne Untergriffe, dafür bürgt auch Justizminister Wolfgang Brandstetter bei der Angelobung durch Bundespräsident Alexander Van der Bellen.

Der mutmaßliche Frauenkiller als liebevoller Vater. Bei seinen Routen des Todes schlug der Fernfahrer in Österreich und Deutschland zu. Zwei Sex-Morde sollen auf das Konto des jahrelang gejagten Phantoms (kl. Bild) gehen.

2 Sex-Morde an Studentin in Tirol und deutscher Joggerin:

Fernfahrer als verdächtiger Frauenkiller festgenommen

Die Menschen in Kufstein (Tirol) und im deutschen Endingen bei Freiburg können aufatmen – der Mörder einer Austauschstudentin und einer Joggerin ist gefasst! Bei dem Verdächtigen handelt es sich um einen rumänischen Familienvater (40). Als Fernfahrer streifte er bei seinen Routen des Todes durch halb Europa...

Drei Jahre lang wurde akribisch ermittelt, rund 800 Personen befragt, mehr als 4000 Spuren verfolgt: Sogar in der bekannten deutschen TV-Fahndungsserie „Aktenzeichen XY" wurde der Fall um die hübsche französische Austauschstudentin Lucile Klobut, deren Leiche am Ufer des Inns gefunden wurde, aufgerollt. Doch erst ein weiterer Sex-Mord an der deutschen Joggerin Carolin Gruber (27) brachte den Durchbruch. Beide Frauen wurden mit einer Hubstange aus einem Laster erschlagen, bei beiden Frauen fanden Tatortspezialisten die selben DNA-Spuren.

„Auswertungen von Lkw-Daten führten dann zum sogenannten Sonntags-Killer", so „Krone"-Redakteur Samuel Thurner. Der 40-jährige rumänische Fernfahrer, Vater eines Kleinkindes, wird darauf an seiner Arbeitsstelle im Raum Freiburg, wo er das zweite Opfer in den Weinbergen abgepasst hatte, verhaftet.

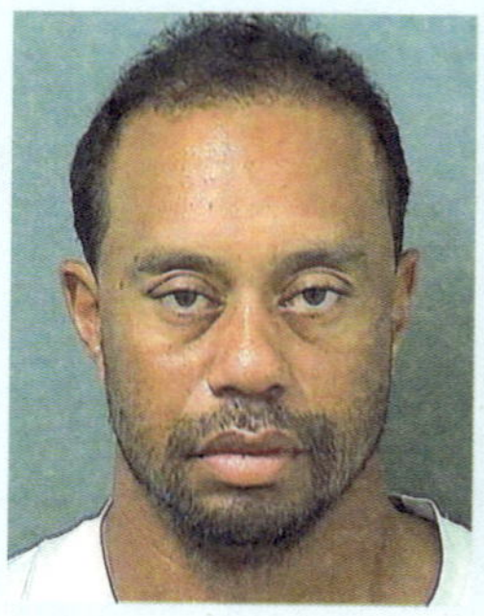

Polizeischnappschuss: Der einstige Golf-Superstar Tiger Woods, wird in der Nähe seines Wohnortes in Florida mitten auf der Straße im Auto schlafend wegen des Verdachts auf Fahren „unter Einfluss von Alkohol oder Drogen" aufgegriffen. Eine Blutuntersuchung ergibt aber einen Medikamenten-Cocktail gegen seine Rückenschmerzen und Angstzustände.

Krone-Chronik Juni 2017

- Jetzt hat der Terror auch im Iran zugeschlagen: Als Schleierfrauen getarnte IS-Selbstmordkommandos stürmen zeitgleich das Parlament und die Grabmoschee des Regimegründers Ayatollah Khomeini. Sie schießen wild um sich, nehmen Geiseln und sprengen sich schließlich in die Luft. Blutige Bilanz: 12 Tote.
- Endlich positive Nachrichten vom Wachstum: Unsere Wirtschaft ist wieder auf der Überholspur. Das Plus heuer soll laut Nationalbank-Gouverneur Ewald Nowotny mit 2,2 Prozent kräftig ausfallen. Damit wären wir besser als die Eurozone.
- Der Oslo-Attentäter Anders Breivik, der 2011 69 Teilnehmer eines Sommercamps der sozialistischen Partei getötet hat, heißt nach einer Namensänderung Fjotolf Hansen.

Leiche von zweifacher Mutter wird im Inn gefunden:

Kriminalrätsel um Jennifer

Der „Vermisstenfall Jennifer" löst nach dem Fund der Leiche der 26-Jährigen im Inn Mordermittlungen aus. „Krone"-Redakteur Hubert Rauth: „Die Tiroler Ermittler verdächtigen den Schwiegervater der jungen Frau, mit deren Verschwinden etwas zu tun zu haben. " Es gibt Hinweise, wonach der mehrfach verhaftete und wieder freigelassene Mann seine Schwiegertochter missbraucht hat. Diese habe ihm gedroht, das dunkle Geheimnis innerhalb der Familie auffliegen zu lassen. Gerichtsmediziner stellen bei der unter mysteriösen Umständen ums Leben gekommenen zweifachen Mutter jedenfalls einen Schwangerschaftsabbruch fest. Doch der 42-jährige Verdächtige streitet alles ab – die Staatsanwaltschaft klagt ihn aber trotzdem wegen Mordes an!

Bewegender Abschied von Jennifer (kl. Bild) in der Heimatstadt ihrer Familie in München. Die Mutter am Grab: Jetzt passt ihr verstorbener Vater auf."

ORF-Moderator Ferdiny zum Dancing Star gekürt

Spannendes Finale bei der mittlerweile bereits 11. Staffel der erfolgreichen ORF-Tanzshow: Moderator Martin Ferdiny und Partnerin Maria Santner können mit einem fulminanten Showtanz samt Steppeinlage auf dem Klavier die abstimmenden TV-Zuseher für sich gewinnen und werden letztlich zum Dancing Star gekürt.

Was macht dieses Ding so faszinierend? Der „Fidget-Spinner" wird zum Spiele-Hit des Sommers auch in Österreich. Ursprünglich für Kinder mit Konzentrationsschwierigkeiten und für die Geschicklichkeit entwickelt, rotiert das Kugellager mit zumeist drei Flügeln auf Nasenspitzen, Fingern, in Öffis und Parks oder auch am Mittagstisch. Doch nicht nur bei Mädchen und Buben ist der „Spinner" der Renner: Auch Orang-Utan-Dame „Nonja" im Tiergarten Schönbrunn testet das Trendspielzeug ausgiebig. . .

Bei Kajak-Unglück in Oberösterreich:

Schüler rettet seinen Vater

„Der Lorenz hat Unglaubliches geleistet, er ist über sich hinausgewachsen", schwärmt Rita Luger aus Pattigham (OÖ) über ihren Sohn. Der 13-Jährige wird zum Helden, als er seinem Vater bei einem Kajak-Unglück auf der Steyr das Leben rettet. Der 47-Jährige war gekentert und mit dem Kopf unter Wasser. „Krone"-Redakteur Jürgen Pachner: „Er erkennt die Gefahr und zieht den Papa ans Ufer."

Teuflisch: Mit diesem Transporter und Keramikmessern schlagen die Terroristen (kl. Bild: zwei der Täter) zu. Im Laderaum des Kleinbusses werden auch Molotow-Cocktails gefunden.

Erneut wird britische Hauptstadt von Anschlag erschüttert

London-Horror: Mit Kleinbus und Messer Menschen gejagt

Schon wieder London! Erneut schockt ein Terror-Anschlag die britische Metropole: Drei islamistische Angreifer machen auf der London Bridge über der Themse zuerst mit einem Kleinbus und dann mit Messern wahllos Jagd auf Menschen – sieben Tote, Dutzende Verletzte!

Bis alarmierte Polizeikräfte die drei IS-Fanatiker erschießen, vergehen nur acht Minuten. Doch in dieser kurzen Zeit herrscht der blanke Horror. Zuerst werden Nachtschwärmer auf der London Bridge im beliebten Ausgehviertel der britischen Metropole mit einem Lieferwagen überfahren. Dann springen die drei Terroristen aus dem weißen Transporter, stechen mit Keramikmesser auf Passanten in und vor Lokalen ein.

Es hätte aber alles noch viel schlimmer kommen können: Denn die bei den Sicherheitsbehörden – wie in so vielen Fällen zuvor – als Islamisten vorgemerkten Männer waren daran gescheitert, einen 7,5-Tonnen-Lkw anzumieten.

Blumen bei der U-Bahn-Station. Einer der Verdächtigen hat sogar bei der britischen Metro gearbeitet.

Flammenhölle im

Inferno

Die britische Hauptstadt wird von der schlimmsten Brandkatastrophe in der jüngeren Geschichte erschüttert: Ein Hochhaus-Inferno fordert bis zu 100 Tote! Die Flammen fressen sich an der nicht feuerfesten Fassade hinauf, viele Bewohner sind in ihren Wohnungen hilflos eingeschlossen.

Der 24-geschossige Grenfell Tower im Londoner Stadtteil Kensington gilt als sozialer Brennpunkt. Viele ärmere Familien wohnen in dem 43 Jahre alten Hochhaus. Schon vor dem Inferno gab es immer wieder Warnungen vor Sicherheitsmängeln. Doch die Rufe werden nicht gehört – bis es in der Nacht zum 14. Juni zur Katastrophe kommt.

Als die Feuerwehr eintrifft, steht das Gebäude schon in Vollbrand. Wie sich später herausstellt, ist

Londoner Grenfell Tower > Dramatische Szenen > Bewohner sind eingeschlossen

in Hochhaus: Bis zu 100 Tote!

Der in Flammen stehende Grenfell Tower und Suchplakate nach Vermissten vor dem ausgebrannten Stahlgerippe. Feuerwehrleute (re.) kämpfen bis zur Erschöpfung. Im Inneren des Hochhauses zeigt sich beim Betreten ein Bild der absoluten Zerstörung.

ein defekter Kühlschrank der Auslöser. Die Flammen fressen sich rasend schnell an der neu wärmegedämmten Fassade hinauf. Vor Ort spielen sich schreckliche Szenen ab. Viele Bewohner sind in ihren Wohnungen eingeschlossen und rufen vom Balkon aus verzweifelt um Hilfe. Dramatische letzte Handy-Videos und Nachrichten aus den verrauchten Räumen gehen um die Welt.

Als am Morgen danach nur mehr ein Stahlgerippe steht, wird langsam das gesamte Ausmaß des Unglücks sichtbar: Bis zu 100 Tote werden befürchtet. Die Wut der Bürger richtet sich gegen die Politik, die reagiert mit Massenevakuierungen von anderen baugleichen Hochhäusern. Schließlich ermittelt Scotland Yard wegen gemeinschaftlicher fahrlässiger Tötung gegen den örtlichen Bezirksrat und die Wohnungsgesellschaft.

Briten-Wahl nach Brexit

Den Wahlpoker verloren und ein Eigentor geschossen: Der von der britischen Regierungschefin Theresa May initiierte Urnengang, um ihrer Partei für die Brexit-Verhandlungen mit der EU den Rücken zu stärken, geht für die konservative Politikerin ordentlich nach hinten los: Anstatt die Mehrheit auszubauen, verliert sie diese und muss eine Minderheitsregierung bilden. Der überraschende Gewinner der Neuwahl ist der vielfach unterschätzte Labour-Chef Jeremy Corbyn.

Krone-Chronik Juni 2017

- Sie sind das wohl schönste Liebespaar Österreichs: Miss Austria Dragana Stanković und Mister Austria Philipp Rafetseder verbindet mehr als ein Titel. Gefunkt hat es zwischen den beiden beim Opernball.
- Roman Polanskis Opfer bei einem 1977 in Amerika begangenen Sexualverbrechen verzeiht dem Star-Regisseur (83). Die heute 54-jährige Samantha Geimer fordert vor Gericht in Los Angeles die Einstellung des endlosen Verfahrens.
- Trauer um Ur-Batman: Adam West, der in den 60er-Jahren als Superheld in der gleichnamigen US-Fernsehserie bekannt wurde, stirbt im Alter von 88 Jahren.
- In der „Forbes"-Liste der bestbezahlten Promis der Welt liegt Rapper und Produzent Sean Combs mit 130 Millionen Dollar auf Platz 1.

Historisch: Alois Mock zerschneidet mit Ungarns KP-Außenminister Gyula Horn im Juni 1989 den Eisernen Vorhang. Auchder neue ÖVP-Chef Sebastian Kurz verneigt sich vor einem großen Österreicher.

Tiefer Fall des einstigen Serienstars Bill Cosby. Der Schauspieler wird von Dutzenden Frauen des sexuellen Missbrauchs beschuldigt. Angeklagt ist der heute 79-Jährige aber nur im Fall von Andrea Constand. Die einstige Universitäts-Mitarbeiterin soll 2004 von ihm unter Drogen gesetzt worden sein. Doch die Jury kann sich nicht einigen, der Gerichtsprozess platzt.

Er prägte unsere Geschichte mit Fall des Eisernen Vorhangs

Ein Leben für Österreich: Tiefe Trauer um Alois Mock

Ein großer Österreicher ist tot: Ex-Außenminister Alois Mock verstirbt nach langem schweren Leiden im 83. Lebensjahr. Kaum ein Staatsmann prägte die heimische Geschichte so wie er. Neben dem Fall des Eisernen Vorhangs schloss der ÖVP-Politiker die EU-Beitrittsverhandlungen in Brüssel ab.

Die Stationen seines Lebens, die „Krone"-Außenpolitikexperte Kurt Seinitz in seinem berührenden Nachruf auflistet, sind beeindruckend. So durchtrennte Mock noch vor dem Fall der Berliner Mauer im Juni 1989 den ungarischen Grenzzaun – Anfang vom Ende der DDR. 1991 war er bei der frühzeitigen Anerkennung der Republiken Slowenien und Kroatien im Jugoslawien-Zerfallskrieg federführend. 1992 handelte der Außenminister das Autonomiepaket für Südtirol aus. Und 1994 schließlich schloss der Niederösterreicher aus Euratsfeld die EU-Beitrittsverhandlungen in Brüssel ab.

Bereits während Mocks Amtszeit 1986 zeigen sich erste Merkmale einer besonders schweren und unheilbaren Form von Parkinson. Doch der begeisterte Politiker hält eisern durch, arbeitet doppelt so hart, auch wenn die Kräfte schon schwinden – als wollte er dadurch seiner Krankheit die Stirn bieten. Am 1. Juni hört sein Herz zu schlagen auf.

Mehrere Kuhattacken

Warnschild: „Alm ist kein Streichelzoo“

Wanderer leben auf heimischen Weiden teils gefährlich: In Tirol und Kärnten kommt es zu mehrfachen Kuhattacken. Landwirte warnen mit einer Plakatkampagne: „Eine Alm ist kein Streichelzoo!“

Anfang Mai steht ein fassungsloser Landwirt vor dem Richter in Innsbruck: „Ich kann doch nicht alles einzäunen. Das wären ja 18 Kilometer. Wer sollte das alles je bezahlen?“ Geklagt hatten die Hinterbliebenen jener deutschen Urlauberin, die im Sommer 2014 bei einer Kuhattacke zu Tode kam. Die Angehörigen fordern rund 360.000 Euro Schadenersatz vom Bauern.

Nach Kuhangriffen mit mehreren Schwerverletzten binnen weniger Wochen kommt es im Juni dann erneut zu einem Drama: Bei der Kranzhornalm in Erl wird eine 70-jährige Einheimische von einer Herde zu Tode getrampelt. Tirols Landwirtschaftskammer setzt jetzt auf Warnschilder unter dem Motto „Eine Alm ist kein Streichelzoo!“

Tirols Landwirtschaftskammer setzt auf Schilder und Info-Broschüren unter dem Motto „Die Alm ist kein Streichelzoo“.

Doppeltes Glück für Fußball-Superstar Christiano Ronaldo. Der Portugiese im Dienste von Real Madrid freut sich nach dem Gewinn der Champions League mit dem weißen Ballett über Zwillinge. Die Kinder werden – so wie sein erster Sohn – von einer Leihmutter zur Welt gebracht. Der 32-Jährige soll aber schon bald Vierfach-Papa werden: Denn seine bildhübsche Model-Freundin Georgina Rodriguez (22) erwartet ein Baby.

Ⓐ Kurz nach dem Besuch von Ex-Basketballstar Dennis Rodman lässt der irre Kim US-Bürger Otto Warmbier (im Bild beim Prozess) frei – zu spät. Ⓑ

Student wird im Wachkoma in die USA geflogen

Tod nach Haft in Nordkorea

Das Schicksal des in Nordkorea zu 15 Jahren Arbeitslager verurteilten US-Studenten Otto Warmbier bewegt die Welt. Der junge Student wollte bei einer Reise ins abgeschottete Land ein Propaganda-Banner in einem Hotel mitnehmen. Der 23-Jährige wird mehr als ein Jahr nach seiner Verurteilung im Wachkoma den amerikanischen Behörden übergeben. Wenige Tage nach dem Flug in seine Heimat stirbt der junge Mann. Während die Familie und die US-Regierung das Regime für den Tod verantwortlich machen, bestreitet Nordkorea Misshandlung und Folter in Haft.

Prozess gegen Klinik > Kein Schmerzensgeld, aber Kostenzuspruch der Adoption

Babys vertauscht – das Urteil

Liebevoll nimmt „Mama" Evelin Grünwald ihre Doris in den Arm und tröstet sie: „Du bleibst trotz allem unsere wunderbare Tochter."

Im Prozess um vertauschte Babys im Landeskrankenhaus Graz vor gut 26 Jahren hat das Landesgericht für Zivilrechtssachen entschieden: Eine Vertauschung außerhalb des Spitals sei auszuschließen. Laut Oberlandesgericht muss die Klinik die Adoptionskosten zahlen muss. Eine späte Genugtuung für die Familie.

Der im Vorjahr aufgeflogene Fall ist spektakulär und macht weit über die Grenzen Österreichs hinaus Schlagzeilen. Vor mehr als 26 Jahren kam die Steirerin Doris Grünwald im Landeskrankenhaus Graz als Frühchen zur Welt. Die Eltern Evelin und Josef bekamen das nicht einmal zwei Kilo schwere Baby erst etwa 20 Stunden nach der Geburt das erste Mal zu Gesicht. Für die Familie steht fest, dass die Vertauschung nur in diesem Zeitraum passiert sein kann.

Das Grazer Landesgericht für Zivilrechtssachen untermauert nun diese Theorie: „Unserer Klage wurde damit vollinhaltlich stattgegeben", bestätigt Familien-Anwalt Gunther Ledolter im Gespräch mit „Krone"-Redakteurin Barbara Winkler.

Den drei Klägern – Vater, Mutter und Kind – wird nach einem späteren Entscheid des Oberlandesgerichts Graz aber kein Schmerzensgeld zugesprochen. Die KAGes als Spitalsbetreiber muss allerdings für zukünftige Schäden bzw. die gesamten Kosten der Adoption haften. Der Fall wird letztlich wohl vom Höchstgericht entschieden.

> ***Das Erstgericht führt im Urteil aus, dass eine Vertauschung des Kindes nach erstmaligem Kontakt im Krankenhaus auszuschließen ist.***
>
> Gunther Leodolter, Kanzlei Rath und Partner, Anwalt der Familie

Neue Bauern zum Verlieben: Moderatorin Arabella Kiesbauer präsentiert im ATV-Quotenhit „Bauer sucht Frau" gstandene heimische Landwirte auf Brautschau. So hat der 49-jährige Reinhard aus Vorarlberg ein Hobby, das wohl jeder potentiellen Hofdame seines Herzens gefallen dürfte: „Ich gehe gern shoppen!"

Heli-Rettungsseil reißt ab: Zwei Tote

Tragödie in der Steiermark: Das Seil, das Leben retten sollte, lässt drei Menschen hilflos ins Unglück stürzen. Kurz nach der Bergung eines Wiener Ehepaars am Eisenerzer Reichenstein reißt das Seil vom Hubschrauber ab. „Die Frau und ein Alpinpolizist sterben durch den Aufprall im steilen Gelände, nur der Ehemann des Opfers überlebt", so „Krone"-Redakteur Matthias Wagner.

24. Life Ball nach Pause: „Erkenne die Gefahr. . .“

Nach einem Jahr Schaffenspause kehrt der Life Ball unter Organisator Gerry Keszler wieder farbenprächtig in das Wiener Rathaus zurück. Unter dem Motto „Recognize the Danger“ (zu Deutsch „Erkenne die Gefahr“) ist die Reihe der Stars heuer aber dünner. Promis sind unter anderem Supermodel Naomi Campell, Oscar-Koch Wolfgang Puck (Bild oben li. mit Ehefrau Gelila Assefa), Gesundheitsministerin Pamela Rendi-Wagner mit Ehemann Michael, Dagmar Koller und natürlich Paradiesvogel Conchita (re.). Die Gäste auf dem Red Carpet im Empfang nehmen Mirjam Weichselbraun und Alfons Haider (li.).

Ehe senkt Sterberisiko um bis zu 16%

Verheiratete leben länger

Wer verheiratet ist, darf sich freuen: Denn eine Beziehung innerhalb einer festen Partnerschaft kann die Lebenserwartung positiv beeinflussen. Das finden britische Forscher der Aston Medical School bei einer großen Gesundheits-Studie heraus. Den Berechnungen zufolge verringert sich in der Ehe das Sterberisiko gegenüber Alleinlebenden um bis zu 16%.

Frei: Saif al-Islam

Zum Tode verurteilter Austro-Libyer frei

Gadafi-Sohn aus der Haft

Der Sohn des getöteten libyschen Diktators Muammar al-Gadafi, früherer Freund des verstorbenen Landeshauptmann Jörg Haider, Saif al-Islam, wird aus der Haft entlassen. Die Freilassung des im Juli 2015 zum Tode verurteilten 44-Jährigen erfolgt auf Grundlage eines Amnestie-Gesetzes, welches das Parlament im Osten des zersplitterten Landes erlassen hatte.

David Hasselhoff macht auch mit 64 Jahren das Nova-Rock-Finale in Wiener Neustadt mit 220.000 Fans einmal mehr zur Party des Jahres. „Der US-Kultstar aus Baywatch und Knightrider präsentiert sich topfit“, so die angehende Eventmanagerin Mariella Matzl. Mit seiner Freiheitshymne „Looking for Freedom“, die er 1989 beim Berliner Mauerfall vor 500.000 Menschen gesungen hatte, begeistert The Hoff die Massen. Und für 2018 wird als spaßige Überraschung Otto Waalkes angekündigt.

Blamiert, geschlagen oder ausgenutzt

Pflege: Jeder 6. alte Mensch wird schlecht behandelt

Sie werden angebrüllt, wegen ihrer Hilflosigkeit blamiert, verängstigt und sogar finanziell ausgebeutet: Jeder sechste Mensch über 60 Jahre leidet unter den Misshandlungen bei der Alterspflege. Zu diesem erschreckenden Fazit kommt die Weltgesundheitsorganisation (WHO) im Rahmen einer Studie. Aktuellen Schätzungen zufolge sind 114 Millionen ältere Menschen von derartigen körperlichen und seelischen Quälereien betroffen.

Immer mehr Frauen als Terroristen

13 Anschläge, 135 Tote, 718 Verhaftungen – der islamistische Terror hatte bereits im Vorjahr Europa fest im Griff. Doch als wären die nackten Zahlen nicht erschütternd genug, bringt die Europol-Statistik eine weitere Tatsache ans Licht: Der Dschihad wird zunehmend weiblich, zieht immer mehr Minderjährige in seinen Bann. „Der Trend deckt sich mit unseren Zahlen. Von den 300 Personen, die von Österreich aus in Kampfgebiete in Syrien oder den Irak gezogen sind, waren mehr als 60 weiblich“, so Peter Gridling, Chef des Verfassungsschutzes.

Kohl, der Kanzler der deutschen Einheit, ist tot!

Der frühere deutsche Regierungschef Helmut Kohl stirbt im Alter von 87 Jahren. Die Welt trauert um den Wegbereiter der Europäischen Union. In Erinnerung bleibt auch der bewegende Augenblick der deutsch-französischen Versöhnung 1984 in Verdun mit Präsident Mitterand (Schwarzweißfoto). Sein größter Erfolg: die deutsche Wiedervereinigung! Kohl erkannte nach der friedlichen Revolte in der DDR 1989, dass das Fenster für die Einheit geöffnet war.

60-jähriger Trainer soll 57 Mädchen missbraucht haben:

Volleyballtrainer als Sextäter

Als Vertrauensperson nutzte ein 60-jähriger Trainer einer Volleyball-Nachwuchsmannschaft seine Position offenbar schamlos aus: Laut Anzeige soll der Mann Dutzende Mädchen – sie sind zwischen sieben und zehn Jahren alt – missbraucht haben: Insgesamt 57 Missbrauchsopfer klagen an. Peter Klein, Obmann des Österreichischen Volleyballverbandes, erhebt im „Krone“-Interview schwere Vorwürfe: „Sportlerinnen, Eltern und Direktor schlagen erst jetzt Alarm. Die wussten von der Sexaffäre und haben geschwiegen.“

Prozess gegen die Schlepper von Parndorf > Grausame Details über Drama im Lkw

Die Verhöhnung von 71 Toten!

Der Flucht-Lkw, der für 71 Menschen zur Todesfalle wurde. In Bochum stellten Freiwillige nach, wie eng die Flüchtlinge zusammengepfercht waren.

Mit einem abstoßenden Auftritt des hauptangeklagten afghanischen Banden-Bosses beginnt zwei Jahre nach dem Tod von 71 Flüchtlingen, die in einem Kühl-Lkw auf der A 4 in Parndorf (Burgenland) gefunden wurden, der Prozess gegen die Schlepper-Bande. Der Banden-Chef und drei Bulgaren sind in Ungarn, dem Sitz der Schlepper, wegen Mordes angeklagt.

Vor dem Gerichtssaal von Kecskemét (Ungarn) bildet sich eine Warteschlange. Eine der ersten im Saal ist Nahed Alaskar (34), deren Mann im Kühl-Lkw gestorben ist. „Sie ist gekommen, um jenem Chef der Schlepperbande in die Augen zu sehen, den sie Ende August 2015 telefonisch um einen Hinweis auf das Schicksal ihres Mannes anflehte. Aber Samsooryamal Lahoo gab sich ahnungslos. Obwohl er wusste, dass der Universitäts-Dozent aus Damaskus längst tot war", schildert seine Witwe im Interview.

„Doch was die Frau im Gerichtssaal dann sieht, muss sie schockieren: Denn hämisch grinsend betritt der Afghane den Raum", berichtet „Krone"-Gerichtschef Peter Grotter vom Prozess.

Über Wochen gleicht dieser nach Verschiebungen, Vertagungen, Einsprüchen etc. einer Verhöhnung von 71 Toten. Ein monatelanges Gerichtstheater bis zur Urteilsverkündung folgt.

Richter Jadi ist verärgert. Nicht nur, dass Hauptangeklagter Lahoo (30) frech grinst, verharmlosen die übrigen Bandenmitglieder die Todesfahrt, für die galt: „Die Türen dürfen nicht geöffnet werden, auch wenn sie sterben."

Die Flucht im Auto endet für 30 in den Flammen eingeschlossene Menschen mit einer Tragödie – sie kommen im Feuer um.

Hitze mit 40 Grad > Inferno in Portugal

Blitz löst Waldbrand aus – 62 Todesopfer

Der seit Jahrzehnten schlimmste Waldbrand in Portugal kostet im Naturparadies Pedrógão Grande 62 Menschen das Leben. 30 von ihnen sterben auf der Flucht vor den Flammen in Autos – das Feuer schnitt ihnen den Weg ab!

Nachdem ein Blitzschlag in einen trockenen Baum den Brand ausgelöst hatte, kämpfen 750 Feuerwehrleute gegen das Flammenmeer. Besonders tragisch: Autofahrer werden im Inferno eingeschlossen und kommen in ihren Fahrzeugen ums Leben. Ministerpräsident Costa ruft eine dreitägige Staatstrauer aus. Und vor der Confeded-Cup-Fußballpartie Portugal gegen Mexiko wird der Toten mit einer Trauerminute gedacht. Star Cristiano Ronaldo trägt im russischen Kasan Trauerflor.

Erst dank aus Frankreich und Spanien entsandter Hilfsmannschaften samt Löschfahrzeugen gelingt es schließlich, den Brand unter Kontrolle zu bringen.

Traumhochzeit in Triest! Nachdem Victoria Swarowski die standesamtliche Hochzeit mit ihrem langjährigen Freund, Unternehmer Werner Mürz, still und heimlich in ihrer Heimat Kitzbühel gefeiert hatte, wird das kirchliche „Ja"-Wort in Italien umso größer zelebriert: mit einem 46 Kilo Brautkleid samt Hunderten Kristallen für unfassbare 800.000 €.

Krone-Chronik Juni 2017

- Ein Zweijähriger spielt in Nashville (USA) mit einer Pistole und erschießt dabei seine Cousine (7): Zehn Jahre Haft für den Waffenbesitzer!
- Mitte Juni richtet sich in London der erste Lkw-Anschlag nicht gegen „Ungläubige" – sondern gegen den Islam. Der Täter Darren Osborne ruft: „Ich töte alle Muslime!" Bilanz: ein Toter und zehn Verletzte.
- Gunter Gabriel (75), der deutsche „Johnny Cash", stirbt in Hannover. Der Country-Sänger war mit Hits wie „Hey Boss, ich brauch mehr Geld" bekannt geworden.
- In einer Zelle in der Grazer Strafanstalt Karlau tötet ein Kärntner Mörder seinen Zellenkollegen, auch ein Mörder, mit dem Tischfuß.

General widerlegt voreilige „Vollholler-Kritik" von Kanzler Kern an Minister Kurz:

Mittelmeersperre ist machbar

„Die Flüchtlingsroute über das Mittelmeer kann militärisch sehr genau observiert werden!" Mit dieser ebenso klaren wie fachlichen Äußerung lässt Generalstabschef Othmar Commenda aufhorchen. Kurz zuvor hatte Kanzler Kern die Forderung nach einer Sperre als „Vollholler" bezeichnet.

Konkret hatte Außenminister Sebastian Kurz die Forderung nach einer Sperre der Mittelmeerroute gestellt. Kern spottete: „Diese Forderung ist wie Freibier für alle und Lohn- und Einkommenssteuer halbieren – das ist populistischer Vollholler." In der aufgeheizten Stimmung gibt Generalstabschef Commenda auf „Krone"-Anfrage eine bemerkenswerte Antwort: „Innerhalb der EU verfügen bereits jetzt die meisten Mitglieder über nötige strategische Mittel, um die Flüchtlingsrouten über den Seeweg zu kontrollieren und einzuschränken." Kurzum: Die wahnwitzigen Schleppertouren in desolaten Booten, die für Abertausende auf dem Meeresgrund enden, könnten sehr wohl eingeschränkt werden.

General Commenda: „Mit fliegenden Radarstationen und Satelliten können das Mittelmeer und Schlepperrouten observiert werden."

UNO schlägt Alarm: 65 Mio. Flüchtlinge!

Die UNO schlägt ob eines neuen Negativrekords in der aus den Fugen geratenen Welt Alarm: Noch nie gab es so viele Flüchtlinge und Migranten auf der Erde. Ihre Zahl ist auf 65 Millionen gestiegen. Somit ist statistisch gesehen bereits einer von 113 Menschen weltweit auf der Flucht. Krieg, Klimaveränderung, Bevölkerungsexplosion und der Wahn etlicher Politiker sind die Ursachen für die neue Völkerwanderung vor allem aus Afrika. Wobei Syrien mit 5,5 Millionen Flüchtlingen weltweit das größte Herkunftsland darstellt. Gemeinsam mit den vielen Binnenvertriebenen sind insgesamt zwölf Millionen Syrer auf der Flucht.

Sicherheit – vom Grätzelpolizisten bis zum Porsche

Mit der Initiative „GEMEINSAM SICHER“ setzt Innenminister Sobotka ein wichtiges Zeichen: etwa ein koordiniertes Sicherheitspaket für Senioren. „In allen Polizeiinspektionen Österreichs arbeiten ausgewählte Polizisten als Sicherheitsvertreter mit Bürgern und Organisationen zusammen“, so Generalmajor Gerhard Lang (im Bild li.), Leiter der Initiative. Damit werde das Gefühl der subjektiven Sicherheit erhöht. Deshalb sind „Grätzel-Beauftragte“ in allen Polizeiinspektionen im Einsatz. Als weitere Neuerung bei der Polizei wird ein Porsche Carrera (Kennzeichen BP 911) mit 360 PS unter der Haube eingesetzt, um auf Raser im Urlaubsverkehr Jagd zu machen.

Pilz nimmt die „klare Entscheidung“ zur Kenntnis.

Knalleffekt bei Ökopartei > Urgestein Peter Pilz abmontiert

Das Grüne Zugpferd tritt ab!

Bei der Abstimmung über den vierten Listenplatz für die Nationalratswahl kommt es beim grünen Bundeskongress zum Knalleffekt: Aufdecker Peter Pilz, Urgestein und größtes Zugpferd der Partei, scheitert: Nach 31 Jahren im Nationalrat nimmt er den Hut.

„Die interne grüne Intrige war offenbar gut vorbereitet“, kennt „Krone“-Politikredakteurin Doris Vettermann die Hintergründe. Bis zuletzt war zwar nicht klar, gegen wen Peter Pilz um den vierten Listenplatz antreten musste. Werner Kogler etwa, Finanzsprecher und ebenfalls ein politisches Schwergewicht, kandidierte für den zweiten Listenplatz.

Pilz verlor das direkte Duell gegen Julian Schmid (28). Schmid, seit 2013 im Nationalrat, ist bisher nur mit seiner Antrittsrede im Kapuzenpullover, mit einem Badehosenfoto und einem Plakat, das ihn mit Lippenstiftspuren im Gesicht zeigt, aufgefallen.

Aus 3,5 Kilometern Terrorist getötet! Ein kanadischer Sniper hat, wie die kurdische Scharfschützin auf unserem Symbolfoto, einen IS-Terroristen im Irak aus der Rekord-Distanz von 3540 Metern getötet. Der Elitesoldat traf den Dschihad-Kämpfer über die Distanz von 35 Fußballfeldern, das Projektil brauchte zehn Sekunden.

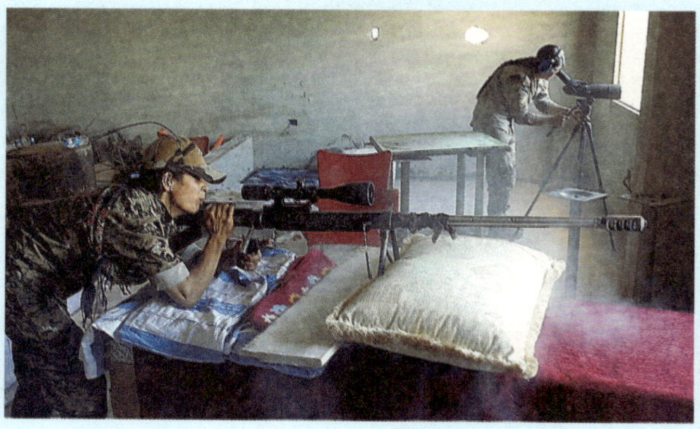

Verfassungshof hebt Negativ-Entscheid auf > Klimaschutz nicht Luftfahrtgesetz

Flughafen: Chance für 3. Piste

Die Entscheidung über den Bau der 3. Flughafenpiste in Schwechat geht zurück an den Start. Verfassungsgerichtshofpräsident Holzinger weist darauf hin, „dass sämtliche Klimaschutz- und Umweltabkommen nicht für das Luftfahrtgesetz gelten".

Da sich das Bundesverwaltungsgericht bei seiner negativen Entscheidung über den Bau von Piste Nr. 3 „schlicht und einfach verrechnet haben soll " – wie es „Krone"-Gerichtsredakteurin Gabriela Gödel auf den Punkt bringt – lebt die Chance für das Projekt wieder auf. Denn anstelle der „LTO"-Emissionen, die bei der Landung und dem Abheben entstehen, wurden die Emissionen während des gesamten Fluges („Cruise Emissions") herangezogen.

Präsident Gerhart Holzinger erklärt dazu: „Die Verkennung der Rechtslage ist dermaßen gehäuft, dass die Entscheidung mit Willkür belastet ist."

„Das ist keine Entscheidung gegen den Klimaschutz, sondern eröffnet Chancen für den Arbeits- und Wirtschaftsstandort. Die 3. Piste ist ein Instrument, das Wachstum für unsere Region und Tausende Arbeitsplätze mit sich bringt", so Landeshauptfrau Johanna Mikl-Leitner.

2,4 Milliarden € wegen Markt-Machtmissbrauchs

EU-Rekordstrafe für Google

Der Internet-Riese Google bekommt die höchste Strafe aufgebrummt, die die EU jemals gegen ein einzelnes Unternehmen verhängt hat: 2,4 Milliarden Euro sind zu bezahlen wegen Missbrauchs der marktbeherrschenden Stellung (95% der Klicks fallen auf die erste Seite der Suchergebnisse). Google muss sein Verhalten abstellen, ansonsten drohen noch weitere Bußgelder.

ÖSV-Boss blickt als Visionär positiv in die Zukunft des Skisports

Ebenso wie sexy US-Skitopstar Lindsey Vonn (links) die Blicke auf sich zieht und optimistisch ankündigt, 2018 Olympia-Gold im südkoreanischen Pyeongchang erobern zu wollen, blickt ÖSV-Boss Peter Schröcksnadel überaus positiv in die Zukunft des Wintersports. Nach einstimmiger Zustimmung aller neun Landesverbände wurde der 76-Jährige bis 2020 wieder zum Präsidenten des Österreichischen Skiverbandes gewählt. Und Energiebündel Schröcksnadel hat nach wie vor große Visionen: „Ich will in meiner nächsten Amtszeit dafür sorgen, dass die Ski-WM 2023 nach Saalbach geholt wird."

Verdächtiger Tunesier im Verhör: „Habe betagtes Paar aus Hass auf FPÖ getötet."

IS-Doppelmord schockt Linz

Knalleffekt um einen Linzer Doppelmörder, der aus Hass auf die FPÖ ein betagtes Ehepaar bestialisch getötet hat: In einer eigens einberufenen und auf Facebook übertragenen Pressekonferenz spricht Innenminister Sobotka „von eindeutigem islamistischem Hintergrund!" Der Verdächtige hatte offenbar Kontakt zu IS- Terroristen . . .

Konkret geht es darum, dass man bei Mohamed H., einem Gemüsehändler aus Tunesien, im Zuge einer Hausdurchsuchung Handys und einen Laptop gefunden hat, die auf zahlreiche verschlüsselte Kontakte zu radikalen IS-Terroristen hinweisen. Offenbar wollte Mohamed H. an Siegfried (87) und Hildegard Sch. (85) ein Exempel statuieren, obwohl ihn diese immer wieder finanziell unterstützt hatten.

Im ersten Verhör gibt der 54-jährige Verdächtige – es gilt die Unschuldsvermutung – Hass auf die FPÖ als Tatmotiv an. Vermutlich war ein Foto, das den Sohn des Paares, einen Landesjuristen, mit OÖ-FPÖ-Chef Manfred Haimbuchner zeigt, das Todesurteil für das betagte Paar. Denn für Mohamed waren die Freiheitlichen offenbar an all seinen Problemen bei uns schuld.

Verständlich, dass Haimbuchner sofort reagierte. Bei einem Pressegipfel mit Heinz-Christian Strache sprechen beide von einem „Sicherheitsskandal". Vor allem deshalb, da bereits zwei Jahre vor der grausigen Bluttat ein Anrainer den Behörden gemeldet hatte, dass Mohamed ein islamistischer Schläfer sein könnte. Allerdings habe der Anzeiger nie eine Antwort bekommen.

Vom Gemüsehändler zum irren IS-Täter? Nach einer Hausdurchsuchung gibt das Innenministerium bekannt, dass Mohamed H. offenbar Kontakt zu Islamisten hatte.

OÖ-Parteichef Haimbuchner und FPÖ-Boss Strache kritisieren den „Sicherheitsskandal, da niemand auf den offenkundigen IS-Schergen" aufmerksam wurde".

Die blutige Stierhatz im nordspanischen Pamplona findet trotz Protesten von Tierschützern auch anno 2017 statt. Dass am ersten Tag des Festes zwei US-Bürger und ein Spanier von Stierhörnern aufgespießt und schwer verletzt wurden, ist für die Veranstalter kein Anlass, das historische Spektakel in den engen Gassen der Stadt zu beenden.

Sportgeschichte in Wimbledon schreibt Roger Federer (35). Der Schweizer erobert im Endspiel gegen den Kroaten Marin Čilić seinen achten Titel und setzt sich die „Rasen-Krone" auf. Auch für Österreich läuft es überaus positiv: Allen voran kämpft sich Shooting-Star Dominic Thiem bis ins Achtelfinale vor. So nebenbei hat der charmante Tennisstar noch Zeit, um mit Herzogin Kate (Foto rechts) zu scherzen. Eine Riesenüberraschung liefert auch der Steirer Sebastian Ofner (im Actionfoto), der als Qualifikant die 2. Runde erreicht. Und Oliver Marach holt mit Partner Mate Pavić (Kroatien) den Vize-Doppeltitel.

Muslimische Asylantin greift aus Angst vor „unreinen Tieren" eine Wienerin an:

Streit um Hunde endet im Spital – Frauerl attackiert!

Schockierender Übegriff mitten in Wien: Nach einer brutalen Attacke durch eine Muslimin liegt die 54-jährige Ingrid T. im Spital. Das Motiv der Angreiferin: Die beiden Hunde der Wienerin. Denn die sind laut der somalischen Asylantin „unrein".

Ingrid T. hatte beim Gartentor getratscht. Der taube, fast blinde, nur dreibeinige Collie-Mischling Panda saß friedlich dabei. Und der zehn Monate alte Poco marschierte auf der Gasse. „Da hab ich plötzlich eine Frau mit Schleier heranspazieren gesehen. Da ich weiß, dass Muslime keine Hunde mögen, wollte ich Poco zurückholen", schildert die 54-Jährige der „Krone" den Vorfall. Dann überschlugen sich die Ereignisse: Die 18-jährige Somalierin attackierte die Wienerin so heftig, dass ihr Knie komplett zertrümmert ist. Staranwalt Manfred Ainedter vertritt die Verletzte.

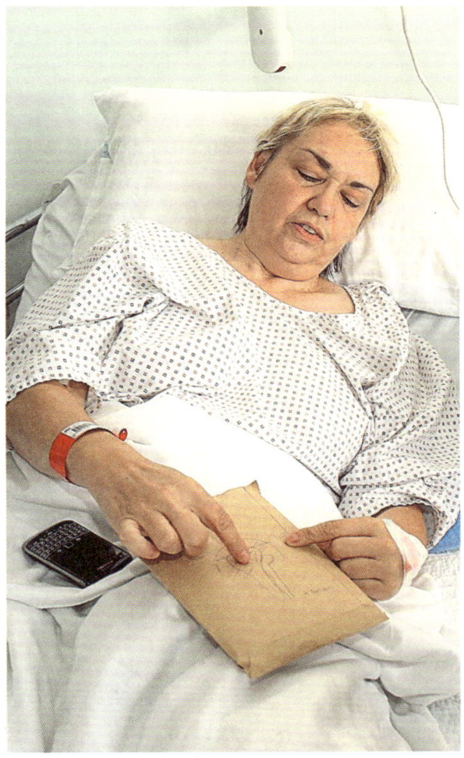

Poco und Panda: „Auslöser" der Attacke, bei der Ingrid T. verletzt wurde

Gewaltorgien des „schwarzen Blocks“

Gipfelschlacht

Erstes persönliches Treffen: Putin und Trump vereinbaren einen teilweisen Waffenstillstand im Südwesten von Syrien.

Nachdem Anarchisten für Krawalle gesorgt hatten, kommt es zu Jagdszenen zwischen Polizei und Demonstranten.

Nach nächtlicher Brandschatzung und der Verwüstung ganzer Straßenzüge liegen am Morgen dicke Rauchwolken über Hamburg.

bringen den G20-Gipfel in arge Bedrängnis

in Hamburg!

Brennende Straßenbarrikaden, Jagdszenen zwischen Polizisten und Demonstranten, Steine von Dächern, Brandflaschen und reihenweise abgefackelte Autos: Linkschaoten ziehen beim G20-Gipfel eine Spur der Verwüstung durch Hamburg. Polizisten werden attackiert, Geschäfte geplündert, Hunderte Menschen verletzt.

Schon vor dem Beginn des Gipfeltreffens der 20 wichtigsten Industrie- und Schwellenländer mit nahmhaften Politikern weiterer Staaten sowie Vertretern internationaler Organisationen wächst die Sorge. Sicherheitsexperten befürchten die „Mutter aller Gipfelschlachten" mit den gewaltbereiten Anarchisten.

WEGA-Oberst Ernst Albrecht

23.000 Polizisten – darunter auch 75 Spezialisten der Wiener Spezialeinheit WEGA – sollten den Gipfel und die Stadt schützen. Doch mit ausgeklügelten Blockaden, wüsten Demos und sogar Steinattacken von den Hausdächern aus verwandeln die Anarchisten die Stadt in ein Chaos. „Der Einsatz ist extrem schwierig und aufwendig, da die Demonstranten kommandoartig organisiert sind und sich blitzartig verteilen", so die Analyse von WEGA-Oberst Ernst Albrecht.

Zerstörte Polizeiwagen und abgefackelte Autos säumen die Straßen, fliegende Molotowcocktails inmitten der Kämpfe, kurzum: Hamburg brennt!

Sprichwörtliches Feuer am Dach herrscht auch bei den Gesprächen. Denn trotz aller Warnungen vor dem drohenden Klimawandel, steigen die USA aus dem Pariser Klimaabkommen aus. Und auch die Türkei ratifiziert das Abkommen nicht.

„Sir Carter und Rumi sind jetzt einen Monat alt", schreibt eine überglückliche Beyoncé auf Instagram und zeigt bei dieser Gelegenheit auch gleich zum ersten Mal ein Bild von ihren Zwillingen vor einer malerischen Blumenkulisse her.

Anarchisten machten auch vor Buchhandlungen nicht Halt.

Formel 1 in Spielberg:

Start-Ziel-Sieg für Valerie Bottas

„Mit einem Wahnsinnsstart, 201 Tausendstel Reaktionszeit, legt Valerie Bottas den Grundstein zum Sieg beim 30. Grand Prix von Österreich. „Mit fünf Wagenlängen Vorsprung in Kurve eins gerast", zieht Niki Lauda die Kappe. Mercedes-Teamchef Toto Wolff erklärt „Krone"-Formel 1-Experten Richard Köck stolz : „Wir haben jetzt gleich zwei Nummer-1-Fahrer!"

Der Sieger Valerie Bottas

Horrorunfall auf A 9 in Bayern ▸ Nach

Seniorenbus

Sie wollten über Österreich mit dem Bus zum Gardasee – doch bei einer Kollision mit einem Lkw kommen 18 Senioren aus Sachsen auf der A 9 in Bayern ums Leben. Denn binnen Minuten steht der Reisebus im Vollbrand. 30 Personen überleben das Unglück teils schwer verletzt. Das fatale Unglück wirft viele Fragen auf.

Eine Luftaufnahme zeigt das Ausmaß der schrecklichen Tragödie. 200 Einsatzkräfte rücken zur Unfallstelle auf der Autobahn aus. Experten sichern die Spuren (Bild oben).

Vom Luft- zum Traumschloss

Nachdem Fiona Pacifico Griffini-Grasser seit April offiziell Tirolerin ist, geht auch ein Traum für sie in Erfüllung. Der Unterhirzinger Hof in Kitzbühel, eine Villa mit 3000 Quadratmetern Grund, ist nun Eigentum der Kristall-Lady. 11,8 Millionen Euro hat sie dafür hingeblättert. Bereits seit zehn Jahren bewohnte Fiona mit ihrem KHG (Karlheinz Grasser) das Anwesen zur Miete. Ursprünglich sollte der Hof ein Hof mit Stall und Melkkammer sein. 2006 wurde dann aus dem „landwirtschaftlichen Wohn- und Betriebsgebäude" ein „Wohngebäude im Freiland". Tja, und so wird durch den Übergang von Miete ins Eigentum aus dem Luft- ein reales Traumschloss.

Krone-Chronik Juli 2017

▸ Positives Signal für Österreich als Wirtschaftsstandort: Der britische Billigflieger EasyJet, die fünftgrößte Airline in Europa, verlegt wegen des Brexits die EU-Zentrale nach Wien.

▸ Bei einem Messerangriff an einem Strand im ägyptischen Taucherparadies Hurghada tötet der Islamist Abdel Rahman zwei Touristinnen und verletzt zwei Frauen schwer: Festnahme!

▸ „Österreich hat 16 islamistischen Terroristen vorzeitig die Freiheit geschenkt!", das deckt FPÖ-Parlamentarier Christian Lausch auf. Obwohl die Fundamentalisten als Mitglieder einer terroristischen Vereinigung verurteilt wurden, mussten sie nur die Hälfte der Strafe verbüßen.

Kollision Inferno 18 Tote zu beklagen

ausgebrannt!

Der Reisebus donnert am Ende eines Staus im Morgenverkehr in einen Sattelschlepper. Binnen Minuten verwandelt sich das Fahrzeug in eine Feuerfalle. 18 Menschen verbrennen hilflos. Als die Feuerwehr zehn Minuten später eintrifft, steht der Bus in Vollbrand.

Manche „Gaffer“ verschlimmern das Unglück, indem sie keine Rettungsgasse bilden und die Fahrbahn blockieren. Einmal mehr werden nach dem Drama schärfere Sanktionen gegen schaulustige Autofahrer gefordert.

Das Businferno wirft viele Fragen auf. Etwa: Wie konnte sich das Feuer so rasch ausbreiten? Wurden die falschen Innenmaterialien verwendet? Hat das Notbremssystem versagt?

Die Untersuchungskommission hat dann drei Theorien zum Hergang zu klären. Erstens: Der Brand im Motorraum blieb lange unbemerkt, da der Fahrtwind das Feuer nach hinten drückte. Zweitens: Der Treibstofftank riss ab. Und sobald Kraftstoff unter den Bus läuft, geht alles blitzschnell. Drittens: ein Kurzschluss im Armaturenbrett.

Monatelange Ursachenforschungen folgen.

Ihren eigenen Tod filmte die ukrainische Schönheitskönigin Sofia Magerko. Denn bei einer nächtlichen Spritztour mit einem von einer Freundin gesteuerten BMW (kl. Bd.) machte die 16-Jährige Handy-Videoaufzeichnungen und streamte die Bilder live auf Instagram (4 Millionen Aufrufe!). Dass sie ihren eigenen Unfalltod aufnehmen, wussten sie da noch nicht – beide Mädchen sterben am Unglücksort.

Mit einer filmreifen Notlandung macht der Pilot einer Cessna 310 dem Namenspatron des John-Wayne-Flughafens in Los Angeles alle Ehre. Denn kurz nach dem Start musste Kapitän Miles Madison einen Notruf absetzen: „Rechtes Triebwerk ausgefallen. Ich kehre um.“ Da sich das nicht mehr ausgeht, setzt der Pilot mit hohem Tempo mitten auf einer Autobahn auf. Trotz eines Zusammenstoßes mit einem Pkw gibt es keine Verletzten.

Landwirtin (84) wird als Heldin gefeiert

Oma Veronika trickst Bankomatbande aus

„Sie ist Krimifan, schaut gern ‚CSI‘ sowie ‚Aktenzeichen XY‘ und sie ist eine Freundin der Polizei, die keine Informationssendung auslässt“, so portraitiert Kärntner „Krone“-Chefredakteur Hannes Mösslacher die Oma (84) Veronika Schachner aus Bad Kleinkirchheim. Denn die schlaue Landwirtin trickst drei Bankomat-Knacker so geschickt aus, dass diese direkt in die Hände der Polize laufen.

Nach einem Bankomat-Coup im nahen Lieserhofen von den Fahndern bereits gejagt, hatten die flüchtigen Moldawier die Kärntnerin gebeten, ihnen ein Taxi zu bestellen. Doch die Pensionistin schöpfte angesichts der wilden Gesellen gleich Verdacht. Und so rief sie für die Verbrecher die Polizei – statt dem gewünschten Taxi.

Veronika Schachner ruft die Polizei statt einem Taxi . . .

Was uns bewegt

FRANZISKA TROST
franziska.trost@kronenzeitung.at

Kein Traum von Freiheit

Sechs Sekunden, länger dauert es nicht, dieses kurze Video, das Saudi-Arabien in Empörung versetzt. Zu sehen ist eine junge Frau, die sich selbst Khulood nennt. In Mini-Rock und bauchfreiem Top flaniert sie durch eine Gasse. Und das in einer der konservativsten Provinzen des Landes – in der Region Nadschd wurde der „Gründer" des Wahhabismus geboren, einer strengen Auslegung des sunnitischen Glaubens, denen sich die Saudis unterwerfen.

Durch den Reformplan „Saudi Vision 2030" des Thronfolgers Mohammed bin Salman hat sich die Situation der Frauen in Saudi-Arabien ein wenig gebessert – seit diesem Frühjahr ist es ihnen u. a. gestattet, ohne Erlaubnis ihrer männlichen „Beschützer" zu arbeiten. Die Geschlechtertrennung muss jedoch weiterhin streng eingehalten werden. Und ein Auto zu lenken (erst am September) oder ohne Verhüllung in die Öffentlichkeit zu treten bleibt für die so zaghaft wachsende Frauenbewegung vorerst ein unantastbares Gebot.

Der Minirock wurde in den 50er-Jahren in der westlichen Welt zum Symbol der weiblichen Freiheit, ein Befreiungsschlag gegen gesellschaftliche Enge und Konventionen, eine modische Revolte auf dem Weg zur Gleichberechtigung. Doch in Saudi-Arabien gilt es mehr zu überwinden – diese rote Linie des Islams, die kaum jemand zu überschreiten wagt. Khulood ist auf ihr gewandelt – und wurde deswegen festgenommen. Von Freiheit dürfen die saudischen Frauen wohl noch nicht einmal träumen.

Das nur sechs Sekunden lange Video einer Frau im Mini-Rock erhitzt zurzeit die Gemüter in Saudi-Arabien. Das Model Khulood wurde wegen unangemessener Kleidung verhaftet.

Österreichische Frauen-Nationalmannschaft begeistert bei

Sommermärchen der

Österreichs Fußball-Damen schreiben ein Sommermärchen! Gleich für die erste Endrunde qualifiziert, starten unsere Mädchen einen historischen Siegeszug sogar bis ins Halbfinale der Europameisterschaft in Holland. Die Nationalmannschaft begeistert die Fans durch Kampfgeist, Laufbereitschaft – und Tore.

Schon in den Vorrundenspielen gegen mit Mitfavoriten Frankreich (1:1) sowie Schweiz (1:0) und Island (3:0) wächst das rot-weiß-rote Team als krasser Außenseiter über sich hinaus. Als Gruppensieger geht es dann gegen die spanische Frauen-Mann-

Jubel auf dem Feld und in der Kabine (kl. Bild re.): Österreichs Frauen zeigen sich vor dem gegnerischen Tor treffsicher.

Humpelnd in die Pleite. . .

Ex-Tennisstar Boris Becker geht nicht nur wegen einer Fußoperation, sondern auch finanziell am Stock. Doch trotz Millionenschulden und einem laufenden Insolvenzverfahren vor einem britischen Gericht lässt es sich Boris mit seiner Ehefrau Lilly im Urlaub gut gehen. Indes werden pikante Details zum Schulden-Wirwarr bekannt: Allein sein Ex-Geschäftspartner Hans-Dieter Cleven macht gegen Deutschlands einstigen Sporthelden 37 Millionen Euro geltend. Dafür habe Becker einst neben seiner Finca in Mallorca auch sein Elternhaus als Sicherheit überschrieben.

EURO > Siegeszug bis in das Halbfinale:

Fußball-Damen

schaft. Doch unsere Fußballdamen verteidigen mit Herz und behalten nach dem 0:0 im Elfmeterschießen die Nerven. Wie „Krone"-Sportredakteur Christian Mayerhofer vor Ort in Tilburg berichtet, verwandeln alle fünf Östereicherinnen sicher und Torfrau Manuela Zinsberger hält einen Penalty: Halbfinale!

In der Runde der letzten vier gegen Dänemark muss dann erneut nach einem torlosen Unentschieden das Elfmeterschießen entscheiden – diesmal sind die Skandinavierinnen nervenstärker.

Doch das tut der Begeisterung in der Heimat keinen Abbruch. Einhelliger Tenor der vielen fußballspielenden Mädchen in unserem Land: Endlich nehmen uns die Burschen ernst.

Unerwünschte Nebenwirkung beim Tierschutzgesetz: Bei Vermittlung von Tieren im Internet geraten auch heimische Retter ins Visier jener Behörden, die eigentlich gegen die Welpen-Mafia kämpfen. Die „Krone"-Tierecke drängt auf eine Gesetzesänderung.

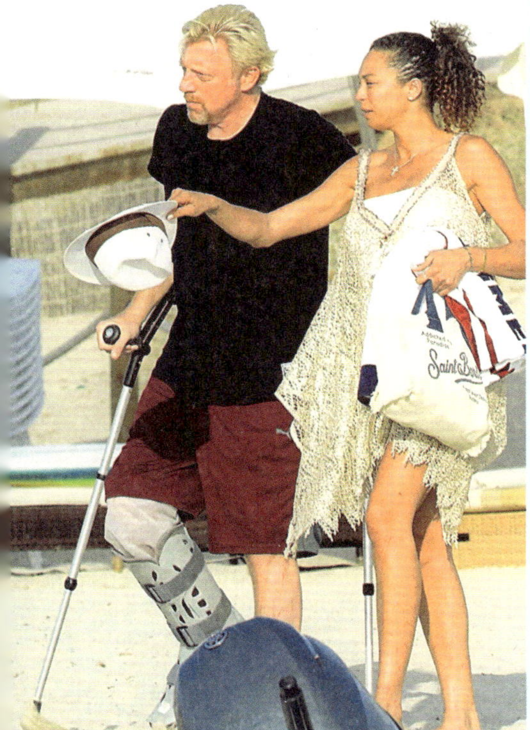

Finanzskandal > Urteil gegen Schaden ist nicht rechtskräftig:

Haft für Bürgermeister!

Mit einem Knalleffekt endet der Salzburger Finanz-Prozess gegen Bürgermeister Heinz Schaden (65). Er wird wegen Beihilfe zur Untreue (nicht rechtskräftig) zu drei Jahren Haft, davon eines unbedingt, verurteilt. Richterin Anna-Sophia Geisselhofer: „So ein Verhalten kann nicht straffrei bleiben, wenn mit dem Geld der Bevölkerung so umgegangen wird." Wie die „Krone"-Redakteure Michael Pichler und Antonio Lovric berichten, geht es bei dem Prozess um Zinstauschgeschäfte, sogenannte Swaps. Deren Verluste (drei Millionen Euro) werden vom Stadtbudget ans Land übertragen – ohne Gegenleistung. Schaden, der so wie alle anderen fünf verurteilten Angeklagen beruft, tritt darauf nach 25 Jahren als Stadtchef ab – Neuwahlen sind fix.

Schwerer Gang: Schaden mit seiner Ehefrau

Nach Verhaftung ihres Lebensgefährten

„Für Tochter

Sie war es jahrelang gewohnt, auf der Sonnenseite des Rampenlichts zu stehen. Jubelte zweimal über olympisches Gold, ist Gesamtweltcupsiegerin. Erstmals nach der Verhaftung ihres Lebenspartners, dem Vater der gemeinsamen Tochter, spricht Michaela Dorfmeister (44) über die Schattenseiten.

Die große Kristallkugel, zweimal olympisches Gold, Doppelweltmeisterin und insgesamt 25 Rennsiege – Michaela Dorfmeister ist in Österreich eine lebende Sportlegende. Doch nachdem bei ihrem langjährigen

Zensuriert wird die bei Kindern beliebte Zeichentrickfigur „Pu der Bär" in China! Die Begründung: Es sind Bildmontagen aufgetaucht, die den süßen Bären mit dem Gesicht des chinesischen Staatspräsidenten Xi Jingpeng zeigen und den Präsidenten so lächerlich gemacht haben.

Ex-Skistar Michi Dorfmeister mit Tochter Lea – und (noch glücklich) mit ihrem langjährigen Freund.

Vater in Haft: „War überfordert"

Baby zu Tode geschüttelt

Nicht einmal vier Monate alt darf ein Baby aus Niederösterreich werden – Kinderärzte im Wiener Donauspital verlieren den Kampf um das Leben des Mädchens. Bei der Obduktion des kleinen geschundenen Körpers werden schwerste Kopf- und Hirnverletzungen festgestellt. Als Verdächtiger gilt der eigene Vater! Nicht zum ersten Mal: Denn schon seinen damals sieben Wochen alten Sohn hat er misshandelt – Oberschenkelbruch. Dafür wurde der junge Mann zu einer bedingten Haftstrafe verurteilt. Jetzt das Drama: Während sich die vierfache Mutter – so wie der 29-Jährige arbeitslos – in einem anderen Zimmer des Reihenhauses im Weinviertel aufgehalten und laut Staatsanwaltschaft nichts von dem Übergriff mitbekommen hat, soll der junge Mann das Baby geschüttelt haben. Sein unfassbares Motiv: „Es hat geschrieen, ich war überfordert."

Krone-Chronik Juli 2017

- Trauer um Austropop-Star Wilfried. Mit 67 Jahren stirbt der Sänger, der mit Titeln wie „Ziwui Ziwui" und „Südwind" die Szene nachhaltig geprägt hat, viel zu früh an Krebs.
- Erneut Empörung nach tödlicher Polizeigewalt in den USA: Die 40-jährige Australierin Justine Damond wird von einer Streife erschossen, obwohl sie wegen Geräuschen hinter ihrem Haus selbst die Cops zu Hilfe gerufen hatte und im Pyjama wartete.
- Im Fall der gestohlenen 87 Kilo Gold aus einem Versteck im Schloss von Investor Christian Baha werden zwei Diebe – nicht rechtskräftig – verurteilt.

Juwelenräuber auch in Wien aktiv

Coup im Casino von Monaco

Gleich zwei spektakuläre Beutezüge klären französische Ermittler und Kollegen des Bundeskriminalamtes in Wien. Ein „Gentleman-Räuber" soll neben dem Coup auf einen Luxusjuwelier im Herzen der Bundeshauptstadt 2016 auch verantwortlich sein für einen zweiten Überfall an der Côte d'Azur, der wie in einem James-Bond-Film abläuft. Beim Tatort handelt es sich um das weltbekannte Casino Monte Carlo im Fürstentum Monaco, Dreh-Schauplatz einiger „007"-Streifen. Der 45-jährige Serbe nimmt in der dortigen Nobeljuwelier-Filiale im Foyer der Spielbank eine Angestellte als Geisel, wird aber schon vor dem Taxi von der Polizei erwartet. Andreas Holzer, stellvertretender Abteilungsleiter: „Ermittler sind zu dem in Frankreich verhafteten Verdächtigen geflogen, und er hat auch den Überfall in der Wiener Innenstadt gestanden."

spricht Ex-Ski-Star Dorfmeister mit „Krone"

geschwiegen"

Lebensgefährten wegen Betrugsverdacht – er soll 15 Opfer um 4,5 Millionen Euro geprellt haben – die Handschellen klicken, durchlebt der Ex-Skistar die schwierigste Zeit ihres Lebens. Im Gespräch mit „Krone"-Sportchef Peter Frauneder spricht sie erstmals darüber, wie sie „Schritt für Schritt merkte, dass etwas nicht stimmt".

Dass sie zudem „für meine Tochter Lea so lange geschwiegen hat". Die mittlerweile 44-Jährige müsse jetzt „unser beider Leben neu ordnen, wieder zu mir finden, ins Berufsleben einsteigen. Und dann den ganzen Dreck hinter mir lassen. Für alle Zeit"!

Schwere Waldbrände wüten in Südeuropa. Auch Tausende Touristen fliehen vor dem Inferno. „Mittendrin im Katastrophengebiet bei Split ist auch eine Salzburger Familie", wie die „Krone"-Redakteurinnen Alexandra Halouska und Charlotte Sequard-Base berichten. Der 47-Jährige schildert Dramatisches: „Das Feuer kam immer näher. Es sieht hier aus wie nach einem Vulkanausbruch."

Schwanger ganz ohne Babybauch mit Sixpack – die Kalifornierin Sarah Stage schockt das Netz mit aktuellen Bildern ihrer Traumfigur, obwohl das Model eigentlich in drei Monaten bereits ihr zweites Kind erwartet. Behauptungen, dass eine Leihmutter am Werk sei, kontert die 33-jährige Mutter mit einem Ultraschallfoto.

⌃ Das schwere nächtliche Seebeben in der östlichen Ägäis sorgt auf der Sonneninsel Kos für enorme Schäden an den Gebäuden.

Heftige Erdstöße in Ägäis treffen Kos –

Beben vor der

Das schwere Erdbeben in der Ägäis reißt auch rund 2500 österreichische Touristen aus dem Schlaf. Die Sonneninsel Kos ist eine der Lieblingsdestinationen rot-weiß-roter Urlauber. „Es war gruselig, die Totenstille nach dem Beben gespenstisch", schildert auch „OÖ-Krone"-Chef vom Dienst Christian Kitzmüller vor Ort.

Das heftige Seebeben forderte Tote und Verletzte. Zwei Touristen werden vor einer Bar von herabstürzenden Mauerteilen erschlagen, mindestens weitere 120 Menschen müssen in Spitälern behandelt werden. Eine Tsunami-Welle, die bis an die türkische Ägäisküste ge-

Urlauber übernachten am Strand – auch „Krone"-Redakteur Christian Kitzmüller erlebt mit Ehefrau und Sohn das Beben mit.

Volleyball-Kaiser Hannes Jagerhofer erobert von Klagenfurt aus Wien und die ganze Sportwelt. Bei der perfekt organisierten Heim-Weltmeisterschaft auf der Donauinsel begeistert auch unser Spitzen-Duo Alexander Horst und Clemens Doppler. Das rot-weiß-rote Beach-Team schafft es vor Tausenden Fans sensationell bis ins Finale. Erst gegen ein brasilianisches Sand-Doppel müssen sich unsere Athleten knapp beugen. Die Silbermedaille glänzt dann aber wie Gold.

„Krone"-Redakteur erlebt Naturgewalt

Sonneninsel!

langt, trifft das Hafenviertel in Kos und zerstört Dutzende Boote. Viele Urlauber müssen aufgrund beschädigter Hotels die Nacht auf Liegestühlen am Pool oder Strand verbringen.

Mittendrin im Erdbeben-Chaos sind rund 2500 Landsleute. So wie die junge Salzburgerin Vanessa Lichtmannegger. Die 24-jährige Krankenschwester aus dem Pinzgau beschreibt die bangen Momente: „Mein Bett ist durch die Gegend gehüpft, ich wusste erst gar nicht, was los war. Vieles im Hotel wurde zerstört, überall Risse in den Wänden und herumliegende Trümmer."

Auch „Krone"-Redakteur Christian Kitzmüller wird mit Ehefrau Manuela und Sohn Tim Zeuge der Naturgewalten auf der Lieblingsinsel der Österreicher. „Die Altstadt wurde teilweise zerstört. Dennoch sind die Griechen voller Zuversicht. Das Leben geht weiter, sagen hier alle. Trotzdem fürchten die Einheimischen, dass Touristen nach dem Beben letztendlich ausbleiben", schildert „OÖ-Krone"-Chef vom Dienst Christian Kitzmüller nach dem Lokalaugenschein vor Ort.

Vanessa (re) und Freundin Sabrina

Salzburg-Fan Anna Netrebko als „Hippi" mit Sohn Diago

Jedermann Tobias Moretti, Buhlschaft Stefanie Reinsperger

Die zwei großen Stars des heurigen Sommers

Salzburger Festspiele feiern Netrebko & Moretti

Es sind die Festspiele von Tobias Moretti und Operndiva Anna Netrebko. Ersterer glänzt als Jedermann – wie es „Krone"-Kulturkritiker Thomas Gabler so treffend formuliert – „als ein neuer Typ mit echten Tränen". Weniger Lob gibt es da hingegen für seine Buhlschaft Stefanie Reinsperger...

Ein spektakulärer Erfolg ist auch der Auftritt der „Kultfigur" in Verdis „Aida" unter Dirigent Riccardo Muti. „Krone"-Kulturchef Karlheinz Roschitz nach der Premiere zur Stimmgewalt von Anna Netrebko: „Sie singt mit Kraft, Wärme, Intensität des Ausdrucks und strahlender Höhe die Partie."

Junger Gardesoldat leidet an akutem Infekt und bricht bei 32° C Hitze zusammen

Trainingsmarsch in den Tod

Der tragische Tod eines Rekruten während eines Trainingsmarsches bei Horn (NÖ) löst eine wirre Mediendiskussion um die Ausbildungsmethoden beim Heer aus. Die Militärs werden pauschal verurteilt, bis Garde-Kommandant Kirchebner in die Gegenoffensive geht und die pietätlosen Anschuldigungen entkräftet.

Nach dem Tod des 19-Jährigen tauchen wildeste Gerüchte auf. Im ORF werden ebenso wie von selbstherrlichen Schreibtischtätern Absurditäten verbreitet: Etwa 17 Soldaten wären in Ohnmacht gefallen, jeder Rekrut hätte 32 Kilo Gepäck tragen müssen, kaum etwas zu trinken bekommen und keine Pausen machen dürfen. Eine Provinzredakteurin gibt sich gar als Mutter des Toten aus, um sich in die Radetzky-Kaserne einzuschleichen. Und nachdem ein Leitartikler eines rosa Blattes von einem „schikanösen Hitzemarsch" berichtet und Ausbildner als „problematische Persönlichkeiten mit Komplexen" diffamiert hat, spricht Gardekommandant Stefan Kirchebner Klartext: „Der ums Leben gekommene Bursch wurde keineswegs in den Tod gehetzt, er litt an einem akuten Infekt . . ."

Gardesoldat Toni P. (19) bricht beim Marsch zusammen und stirbt im Spital.

Ⓐ 20 Kilo Gepäck (Bild) waren beim Marsch auf 12 Kilo reduziert. Oberst Stefan Kirchebner im Interview mit „Krone"-Reporter Matzl.

Erneuter Raubfisch-Alarm in Ägypten ▸ Kärntner Polizist wird im Roten Meer von Tümmlern bewacht

Nach Bissattacke auf Urlauberin retten Delfine Taucher vor Hai!

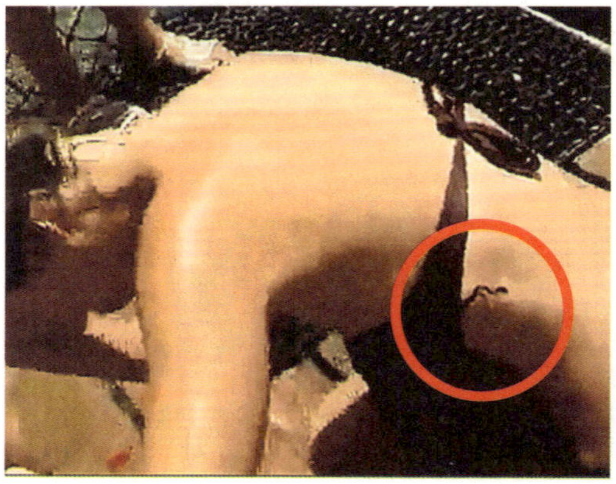

Das 20-jährige Haiopfer aus Niederösterreich: Die junge Frau wird beim Schnorcheln im Meer von einem Hai in die Hüfte gebissen.

Der Haitaucher aus Kärnten filmt, wie Delfine den Hai vertreiben.

Albtraum beim Traumurlaub in Ägypten: Eine 20-jährige Niederösterreicherin wird beim Schnorcheln im Meer vor einem Luxushotel von einem etwa drei Meter großen Hai attackiert und schwer verletzt. Der Raubfisch beißt zu und reißt der jungen Frau ein Stück Fleisch aus der Hüfte. Die Urlauberin wird mit einem Ambulanzjet nach Hause geflogen und mehrmals operiert. Nach der grauenvollen Bissattacke herrscht erneut Haialarm im Roten Meer: Diesmal nimmt ein gefräßiger Raubfisch einen Kärntner Taucher ins Visier.

„Doch Delfine haben mich geschützt und den Weißspitzenhochseehai verjagt", schildert Manfred P. (51) sein prickelndes Unterwasser-Abenteuer im Telefonat mit „Krone"-Redakteur Florian Hitz, „danach waren fünf Tümmler unmittelbar neben mir, als wollten sie mich bewachen."

Krone-Chronik August 2017

- Weil sie befürchten, an der Küste verhaftet zu werden, stoßen Schlepper im Golf von Aden vor Jemen mehr als 120 Migranten ins Meer! 49 der Flüchtlinge ertrinken.
- Ein indisches Polizisten-Paar wird gefeuert, weil es die Gipfelbesteigung des Mount Everest frei erfunden hatte. Entlassungsbegründung: Verletzung der Corps-Ehre.
- Skurrile Ortsverwechslung in Bangladeschs Hauptstadt Dhaka: Ein Helikopter mit fünf Hochzeitsgästen landet bei Nebel versehentlich auf dem Dach eines Hochsicherheitsgefängnisses. Statt mit Sekt werden die Fluggäste mit Maschinenpistolen empfangen.
- Sex mit der Lehrerin kann laut eines Gerichtes in Oklahoma (USA) zu schweren psychologischen Schäden führen. Deshalb muss Jennifer Caswell ihrem Ex-Schüler (14) eine Million Dollar Schmerzensgeld zahlen.
- Jerry Lewis, König der Komödianten, stirbt im Alter von 91 Jahren. Gar nicht lustig: Der US-Entertainer hat all seine sechs Söhne enterbt.

Auch 20 Jahre nach Dianas Tod halten sich die Gerüchte

Seit die populäre „Prinzessin der Herzen" am 31. August 1997 erst 36-jährig in Paris verunglückte, wollen die Gerüchte über die Hintergründe ihres Unfalltodes nicht verstummen. „Krone"-Redakteurin Eva Lehner beleuchtet die hartnäckigsten Theorien. So etwa lebt nach wie vor die These, dass das Königshaus und der MI6 hinter Dianas Tod stecken dürften. Todeslenker Henri Paul wird noch immer als Agent beschuldigt, der geheimnisvoller weiße Fiat eines Paparazzo gilt als verschollen, die Rettung brauchte viel zu lange. Und: Diana soll von Dodi schwanger gewesen sein . . .

Studie über Muslime in Österreich liefert erschreckende Fakten:

Kein Handschlag mit Frauen und Israel bleibt der Erzfeind

Muslimische Männer beim traditionellen Gebet im islamischen Zentrum in Wien

Derzeit leben 700.000 Muslime in Österreich. Eine Studie untersucht ihr Weltbild, kurzum: was sie denken. Erschreckende Ergebnisse: Die Hälfte der islamischen Flüchtlinge hat dafür Verständnis, wenn Männer Frauen nicht die Hand geben, ein Viertel will das islamische Recht.

Die Studie der Donau-Universität Krems unter Leitung von Politikwissenschafter Peter Filzmaier zeichnet ein brisantes Bild der Muslime.

Die Unterschiede in der Einstellung zwischen jenen, die schon Jahre hier leben, und jenen, die gerade erst ins Land gekommen sind, sind enorm. Ebenso zwischen jenen, die sich als gläubig bezeichnen oder eben nicht. Vor allem für Somalier und Tschetschenen hat die Religion einen hohen Stellenwert. Allgemein betrachtet bestehen 42% der Männer darauf, dass Frauen ein Kopftuch tragen. Mehr als ein Drittel befürwortet die gewaltsame Verteidigung der Familienehre. Und für die Hälfte aller Strenggläubigen stellt Israel den Feind aller Muslime dar.

Von Gott und der Welt

MICHAEL CHALUPKA
www.krone.at/diakonie

Die Namen der Opfer

„Nun schreib ins Buch des Lebens, Herr, ihre Namen ein!", heißt es in einem Kirchenlied, dass zur Taufe gesungen wird. Jeder Name, jeder Mensch, soll im Buch des Lebens festgehalten werden. Jeder Name zählt. Susan Bro, die Mutter von Heather Heyer (32), die von einem Naziterroristen in Charlottesville ermordet wurde, hat eine berührende Abschiedsrede für ihre Tochter gehalten. „Wie gern hätte ich mein Kind bei mir, aber, wenn ich sie schon hergeben muss, dann soll es eine Bedeutung haben."

Von den Opfern des furchtbaren Terroranschlags in Barcelona, den sich die Terrorbande IS auf ihre Fahnen schreibt, wissen wir die Namen noch nicht. Doch mit jeder und jedem Einzelnen von ihnen ist eine Welt untergegangen. Sie alle haben geliebt und wurden geliebt, wollten den Urlaub in einer wunderschönen, lebensfrohen, bunten Stadt verbringen. Das Ziel terroristischer Gewalt ist es, durch sinnloses Morden dem Leben seine Bedeutung und seinen Sinn zu nehmen. Nach Terrorattacken bekommen die Täter oft viel zu viel Aufmerksamkeit. Nicht ihre Namen sollten im Zentrum stehen, denn damit erreichen sie ihr Ziel, sondern die Leben und Namen der Opfer.

Susan Bro forderte die Trauernden auf, das Vermächtnis ihrer Tochter zu bewahren, indem sie ihren Zorn verwandeln und das Richtige tun. So wie sich ihre Tochter jeden Tag gefragt hätte: „Was kann ich tun, um die Welt zu einem besseren Ort zu machen?"

Barcelona: Terror

Lkw jagt im Zickzackkurs über Rambla: 14 Todesopfer

Mit einem Lieferwagen rast ein Attentäter durch die berühmte La Rambla in Barcelona. Im Zickzackkurs macht der Terrorist Jagd auf Fußgänger – er tötet 14 Menschen und verletzt 118 – mit seiner Dschihadistengruppe plante er Bombenanschläge in der ganzen Stadt.

Mit diesem Klein-Lkw rast ein Dschihadist durch die Fußgängerzone, macht Jagd auf Passanten und richtet ein grauenhaftes Blutbad an.

Erst bei der Verbrecherjagd in der darauffolgenden Nacht werden die erschreckenden Terrorpläne bekannt. Denn nachdem die Polizei in Cambrils fünf Dschihadisten, die gerade im Begriff waren, Messerattentate zu verüben, erschossen hatte, gestand ein Überlebender Anschlagsdetails. Die zwölfköpfige Gruppierung plante, ganz Barcelona mit Bombenanschlägen zu verwüsten. Doch einige Propangasflaschen explodierten, noch ehe die Fundamentalisten ihre Höllenmaschinen zünden konnten. Daraufhin entschieden sich die Überlebenden kurzfristig für die Terrorfahrt durch Barcelonas Fußgängerzone und die Anschläge in Cambrils.

Alarmierend: „Krone"-Reporter Klaus Loibnegger deckt auf, dass der Kopf der Bande, der bei der Gasexplosion getötete Imam Abdelbaki Es Satty, zuvor in Wiener Moscheen gepredigt hatte!

Terrorziel Sagrada Familia. – Die Salzburgerinnen Tina und Lisa Rupprechter schilderten unserem Reporterduo Oliver Papacek und Andi Schiel vor Ort das Drama.

Wahnsinnstat eines

Rechter

Ausnahmezustand in Charlottesville, Virginia, nachdem eine Kundgebung von Rechtsradikalen eskalierte. Ein Extremist raste mit seinem Auto in eine Menschenmenge, tötete eine Frau und verletzte 19 Menschen schwer.

An der Kundgebung unter dem Motto „Vereinigt die Rechte" nehmen Tausende US-Amerikaner aus verschiedenen ultrarechten Gruppen teil, von Angehörigen der „Alt-Right"-Bewegung über Neonazis bis zu Ku-Klux-Klan-Anhängern.

Doch schon vor der Veranstaltung kommt es zu Prügeleien mit Gegendemonstranten. Schließlich startet

löst Massenpanik aus!

Portraits von fünf der Dschihadisten, allesamt junge Spanier mit Wurzeln im nordafrikanischen Marokko.

Extremisten löst in Charlottesville (US-Staat Virginia) eine Massenschlägerei aus

rast bei Kundgebung in Menge

James Alex Fields jr. (20) zu einer gezielten Autoattacke und rast im Rückwärtsgang in die Menge der Demo-Gegner. Heather Heyer (32) wird dabei getötet. Für internationales Unverständnis sorgt dann Präsident Trump. Denn er legt auch den Gegendemonstranten die Schuld an der Gewaltorgie zur Last.

Nach der Autoattacke von Fields (re.) ruft Arnold Schwarzenegger die Amerikaner zur Besinnung auf. Er kreiert ein „Terminate Hate"-T-Shirt mit Blumen im Gewehrlauf.

Bilanz

DR. GEORG WAILAND
georg.wailand@kronenzeitung.at

Dieselgipfel: Nur ein erster Schritt

Klarerweise hätte Infrastrukturminister Leichtfried beim „Dieselgipfel" mit dem flammenden Schwert auftreten können, er hätte die Autoindustrie schlagzeilenträchtig als Betrüger, die Autohändler als deren Handlanger bezeichnen und er hätte den Autofahrern mit Fahrverboten drohen können, ja, wäre alles sehr spektakulär gewesen.

Er hat es nicht getan, und das war gut so – auch wenn manche deshalb enttäuscht sind. Wäre die Situation durch rüde Worte besser geworden? Wohl nicht! Wo man die Verbraucher betrogen hat, werden das die Gerichte abzuhandeln haben, jetzt aber geht es darum, eine bessere Zukunft punkto Automobilität sicherzustellen.

Und da ist doch eine erste Etappe gelungen: Wenn fast alle Autoimporteure nun Öko-Prämien für den Umstieg auf schadstoffärmere Fahrzeuge bieten, halte ich das für einen Fortschritt. Das Geld dafür kommt nicht vom Steuerzahler, sondern von der Autobranche. Natürlich wollen die Händler damit den Verkauf ankurbeln, aber wenn dadurch umweltbelastende Alt-Fahrzeuge verschwinden und gegen moderne ressourcenschonende Modelle getauscht werden, hat dieser Dieselgipfel doch ein erstes brauchbares Ergebnis abgeliefert. Wenn die gesamten Öko-Prämien z. B. bei einem E-Golf von VW bis zu 11.688 Euro (nur die Förderung!) ausmachen, so ist das schon was. Keine Lösung des Problems, aber ein erster Schritt, weitere müssen folgen!

Eine Seilschaft aus Bayern verunglückt in Salzburg unweit des

Bergsteiger stürzen in

Schreckliches Unglück am Wildgerlosgletscher in Salzburg. Ein Alpinist einer Sechserseilschaft aus Bayern rutscht aus und reißt alle Mitglieder mit sich in die Tiefe. Fünf Bergsteiger sterben noch am Unfallsort. Ein sechster wird verletzt geborgen und kämpft im Spital ums Überleben.

Die Bergsteigergruppe stammt aus Burghausen und Altötting im benachbarten Bayern. Nachdem sie auf die Zittauer Hütte (2330 Meter) in der Reichenspitzgruppe übernachtet hatten, wollten die Männer zum Gabler Gipfel auf 3263 Meter aufsteigen.

Doch auf dem Weg zur Mannlkarscharte kommt es zum Bergdrama. Schon nach der Überquerung des mit losem Gestein, Geröll und Eis übersäten schwierigen Geländes beginnen die Alpinfreunde über die Route zu diskutieren. Einer aus der Gruppe soll sogar eine mögliche Umkehr vorgeschlagen haben. Doch man entscheidet sich dann doch für den Aufstieg.

Dann geschah das Unglück: Auf dem blanken Eis kommt einer der sechs Bayern zum Sturz, rutscht nach unten und reißt alle Mitglieder der Seilschaft mit in die Tiefe.

Fünf Hubschrauber aus Salzburg und Tirol werden zur Unglücksstelle beordert. Doch für fünf der Verunglückten gibt es keine Hilfe mehr. „Obwohl der Aufstieg auch für die Retter schwierig ist, kämpfen sie sich mit Einsatzleiter Martin Reichhof nach oben", berichtet

Das Erinnerungsbild von einer früheren Tour zeigt vier der fünf Freunde, die bei dem Bergdrama ums Leben kamen.

Freiwilligkeit, Garantien, Kat-Nachrüstung etc.

Viele offene Fragen nach dem neuen Diesel-Pakt

Neben der Kritik von Umweltschützern an den Ergebnissen des „Dieselgipfels" ist die Verunsicherung bei vielen Autofahrern groß. Technikexperten verlangen sogar Stickoxid-Katalysatoren.

Verkehrsminister Leichtfried hat jedenfalls klargestellt, dass die mit der Autobranche ab 2018 vereinbarte Erneuerung der Motorsteuerungs-Software bei 600.000 neuen Dieselwagen freiwillig für die Lenker ist. Lässt man das Update nicht machen, bleibt das Auto legal in Betrieb. Durch Anreize wie Gutscheine wollen die Autofirmen allerdings viele Kunden in die Werkstätten bringen. „Achtung!", warnt „Krone"-Redakteur Christian Ebeert, „zum Unterschied dazu ist die seit dem Vorjahr laufende Umrüstung von Autos des VW-Konzerns (‚Schummel-Software') gesetzlich für den Lenker verpflichtend. Sonst droht die Stilllegung des Pkw." ÖAMTC-Experten verlangen überhaupt eine Nachrüstung mit speziellen Katalysatoren, die 90 Prozent der Stickoxide ausfiltern.

80% der Automarken bieten Software-Austausch

Kronen Zeitung UNABHÄNGIG

Wildgerlosgletschers

den Tod

„Krone"-Redakteur Wolfgang Weber vom Alpindrama. Und so gelingt es der Rettungsmannschaft tatsächlich, den einzigen Überlebenden der Gruppe, einen 75-jährigen Altöttinger, zu bergen. Der schwer Verletzte wird ins Salzburger Unfallkrankenhaus geflogen.

Absturzstelle: Das blanke Eis wurde den Bayern zum Verhängnis. Helfern gelingt es, einen 75-jährigen Überlebenden per Tau zu bergen (oben).

Ein Horror-Orkan tobte

Zeltfest endet mit Drama!

Binnen Stunden verwandelt sich ein stimmungsvolles Feuerwehrfest im oberösterreichischen St. Johann am Walde in ein tödliches Chaos: Ein Orkan mit 126 Stundenkilometern hatte das Festzelt weggerissen. Unter den Trümmern kommen die 19-jährige Studentin Alexandra P. und der Arbeiter Christoph A. (28) ums Leben. Mehr als 120 der insgesamt rund 650 Gäste werden verletzt, 20 davon schwer. Die Staatsanwaltschaft lässt sofort ermitteln, ob eine Sturmwarnung missachtet wurde.

Liebesglück von Heidi und Vito zerbrochen

Nach drei Jahren Beziehung im Trubel der Society-Welt trennen sich Deutschlands Topmodel Heidi Klum und ihr um 13 Jahre jüngerer Geliebter Vito Schnabel. Nachdem die 44-Jährige bei der MTV-Award Show noch im Transparentkleid die Blicke auf „Hans" und „Franz" – so hat sie ihre Brüste liebevoll getauft – gelenkt hatte, folgte das Liebes-Aus. Zu einem Selfie, das Heidi mit geschlossenen Augen und anscheinend nachdenklich zeigt, schreibt sie: „Augen zu und durch . . ." Kurz danach wird Vito mit Drogen erwischt und verhaftet. Vielleicht der Trennungsgrund?

⌃ So kennen die Fans Judo-Sportheld Peter Seisenbacher: In Jubelpose als zweifacher Olympiasieger in Südkorea – nach einer Karriere als Trainer mit seiner Judoschule (Bild oben rechts) und Betreuer des Nationalteams von Aserbeidschan (links) folgt durch das Platzen der schweren Kindesmissbrauchs-Vorwürfe der tiefe Fall.

Haftbefehl wegen Kindesmissbrauchs

Tauziehen um

Tiefer Fall eines Sporthelden: Der zweifache Olympiasieger Peter Seisenbacher wird wegen Verdachts auf Missbrauch an zwei früheren Judoko-Schülerinnen angeklagt! Doch der 57-Jährige taucht unter – nach einem Haftbefehl in Ukraines Hauptstadt gefasst, geht das Tauziehen um einen Prozess in der Heimat weiter. . .

Die Wiener Staatsanwaltschaft verdächtigt Seisenbacher der sexuellen Übergriffe als Trainer an zwei damals minderjährigen Mädchen aus seiner früheren Kampfsportgruppe. Doch der Prozess nach fast drei Jahren Ermittlungen platzt, der Ex-Olympiasieger kommt nicht ins Wiener Landesgericht, sondern taucht unter. Sein

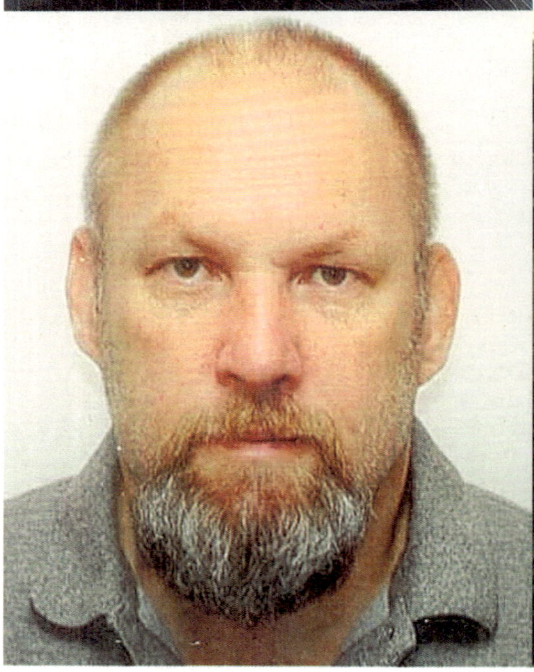

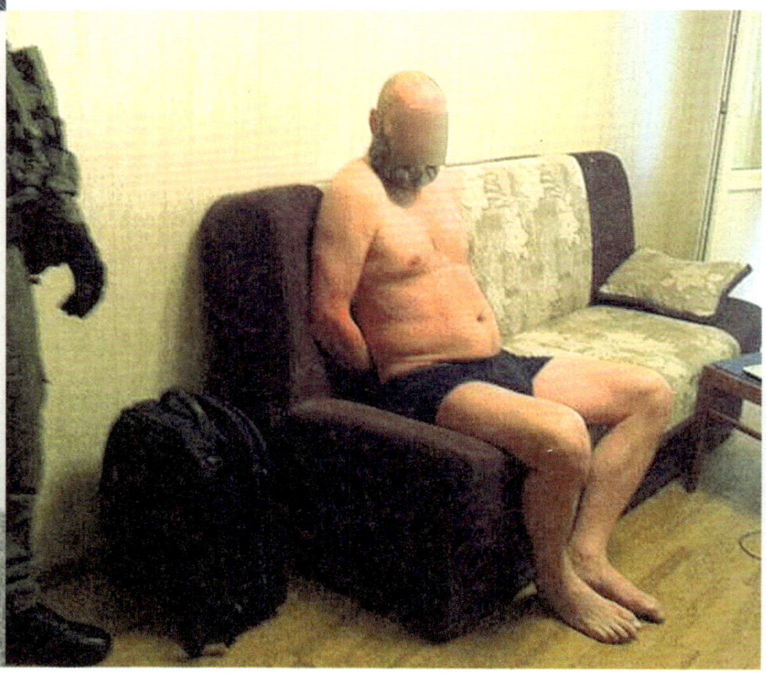

Craig erneut „Agent 007“

Daniel Craig tut es wohl noch einmal. Der Hollywood-Liebling schlüpft dann bereits zum fünften Mal in die Rolle des wohl bekanntesten Geheimagenten der Welt. Obwohl der Schauspieler nach dem letzten Film angedeutet hatte, nicht mehr „James Bond“ spielen zu wollen, lässt sich der 49-Jährige für eine kolportierte Rekordgage von knapp 19 Millionen Euro doch noch überreden.

Seisenbacher auf Flucht in Kiev gefasst · Keine Auslieferung – aber Abschiebung?

Prozess gegen Olympiasieger!

Gesicht ziert fortan die internationalen Fahndungsseiten. Doch erst nach einem halben Jahr auf der Flucht klicken in der Wohnung eines alten Mietwohnblocks in Kiev die Handschellen – das unrühmliche Ende eines einstigen österreichischen Sportstars: Fotos in Unterhose mit Spezialeinheiten der Kiever Polizei.

Dann der nächste Knalleffekt – der zweifache Goldmedaillengewinner kommt frei. Nach ukrainischem Recht sind die ihm angelasteten Missbrauchsvorwürfe verjährt. Er soll allerdings das Land verlassen, weil sein Pass für ungültig erklärt wurde und er gegen das Aufenthaltsrecht verstößt.

Beantragt Seisenbacher nun Asyl? Das Tauziehen geht jedenfalls weiter...

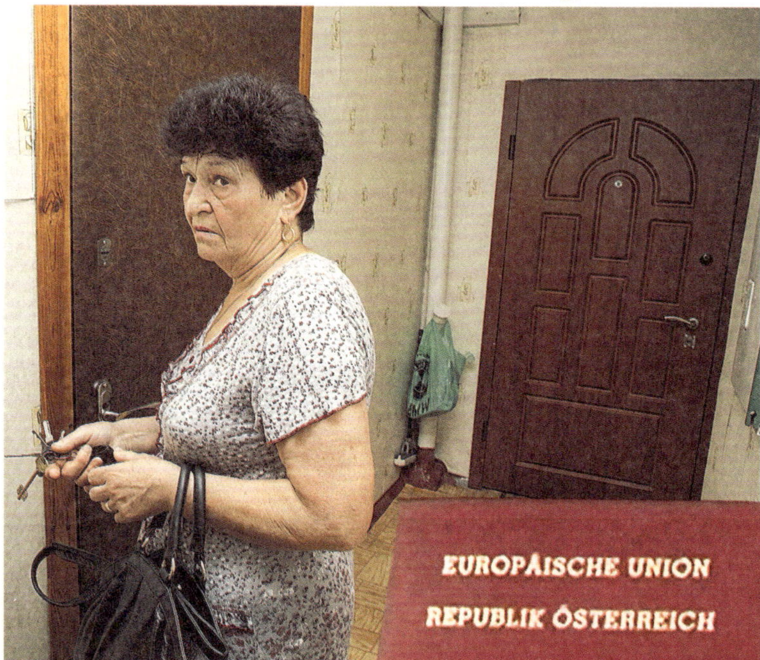

Eine Nachbarin von Peter Seisenbacher in Kiev. Nach einem internationalen Haftbefehl wird der gefallene heimische Sportstar von einer ukrainischen Polizei-Spezialeinheit in Unterhose in diesem abgewohnten Mietblock festgenommen (Bilder von links nach rechts). Auch der Pass wird sichergestellt.

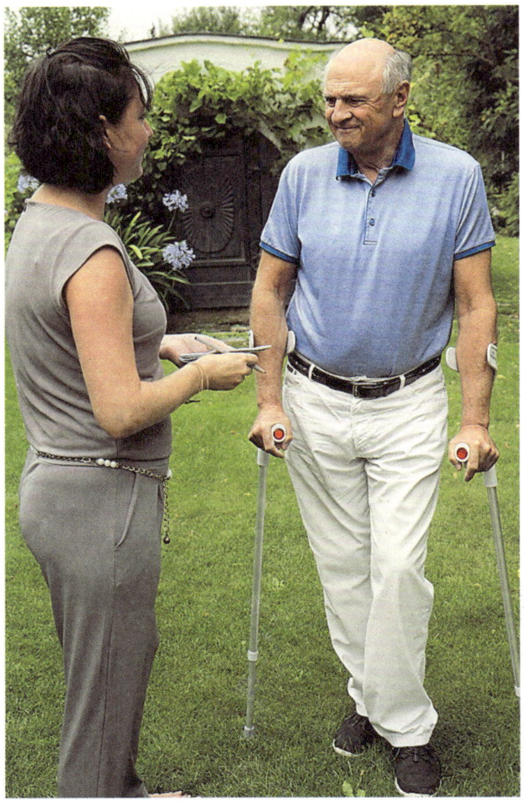

Interview auf Krücken: Erwin Pröll mit „Krone"-Redakteurin Sandra Ramsauer.

Niederösterreichs Alt-Landesvater schwer verletzt:

Rad-Drama um Erwin Pröll

Schlimmer Unfall von Alt-Landeshauptmann Erwin Pröll. Der begeisterte Hobbysportler stürzt bei einer Radtour und zieht sich mehrere Brüche zu. Im „Krone"-Interview gibt er sich kämpferisch: „Jetzt heißt es durchbeißen!"

Erwin Pröll ist eins mit seinem Rennrad, selbst in härtesten Polit-Zeiten tankte der mittlerweile 70-Jährige Energie auf seinem Bike. Doch jetzt endet eine Ausfahrt fatal: Der Alt-Landesvater bleibt in den Klickpedalen hängen. „Dann bin ich einfach umgefallen wie ein Sack – direkt aufs Becken", schildert Pröll.

Im „Krone"-Gespräch hadert der frühere Landeshauptmann auf Krücken „mit gar nichts". Auch das Radfahren will der fitte Polit-Pensionist nicht aufgeben. Und tatsächlich schickt er schon nach wenigen Wochen ein Video, auf dem er wieder freudig in die Pedale tritt.

Alleine im heißen Auto Baby erleidet Hitzetod

Tödliche Hitzetragödie um einen Säugling in Vorarlberg: Nach der Heimkehr von einer Autoreise in die Steiermark vergisst die Mutterihren schlafenden Sohn auf einem Parkplatz in Nenzing im Autokindersitz. Sie geht mit ihrem Freund nach oben und legt sich für ein paar Stunden nieder. Indes wird die Wahnsinnstemperatur im Pkw für den Kreislauf des kleinen Manuel zu viel und er stirbt im Kindersitz.

Geschäfte mit Visa an Botschaft aufgedeckt

Sicherheitsalarm an der österreichischen Botschaft in Jordanien: Das Außenamt deckt einen illegalen Visa-Handel auf. Ein verschuldeter Diplomat soll von mehreren Irakern abkassiert haben. „Wir haben sofort hart durchgegriffen, Anzeige bei der Staatsanwaltschaft Wien erstattet und dienstrechtliche Schritte eingeleitet", so Außenamts-Sprecher Thomas Schnöll.

Der druckfrische Duden 2017 wird um 5000 neue Wörter auf mittlerweile 145.000 Begriffe erweitert. Wer das deutsche Universalwörterbuch durchblättert findet zeitgeistige Reizwörter wie „Willkommenskultur" und „Flüchtlingskrise", aber auch immer mehr Anglizismen wie „Selfie" oder Fake News" finden ihren Weg in das Standardwerk. Damit will der Duden sein Image entstauben.

Krone-Chronik August 2017

- In einer überraschenden Entscheidung erklärt des kenianische Verfassungsgericht die Präsidentschaftswahlen für ungültig.
- Etappenerfolg für die heimische Polizei: Laut Kriminalstatistik geht die Zahl der Anzeigen im ersten Halbjahr zurück, zugleich steigt die Aufklärungsrate.
- Mit einer sensationellen, aber umstrittenen Therapie beheben Forscher der US-Uni Portland einen Gendefekt bei Embryos.

Badefreuden gibt es im heurigen Sommer satt. Hitzetage locken ins kühle Nass.

Unwetter und Hitze wechseln sich ab ▸ Landwirte stöhnen, Eishersteller jubeln:

Sommer der Wetterextreme

Der heurige Sommer in Österreich geht als drittwärmster seit 251 Jahren in die Mess-Geschichtsbücher ein. Hitzetage und Unwetter wechseln sich ab. Die Wetterextreme sorgen für Gewinner und Verlierer. Während etwa die Eis- und Getränkehersteller jubeln, sind heimische Landwirte die Leidgeplagten.

Unwetter sorgen im ganzen Land immer wieder für große Zerstörung.

Mit zwei Grad über dem vieljährigen Mittel reiht sich der August in den Rekordlisten ganz vorne ein. Nur die Supersommer im Jahr 2003 (2,9 Grad) und 2015 (2,4 Grad) waren noch heißer. Für Hitzegeplagte waren die vielen sogenannten Tropennächte – das bedeutet: die Temperatur sinkt auch nach Sonnenuntergang nicht unter 20 Grad – in den Städten ein Problem. In Wien gibt es knapp 30 solcher Nächte.

Während Eis- und Getränkehersteller heuer boomten, sind die heimischen Landwirte durch die Wetterextreme doppelt geplagt worden. Denn einerseits stöhnten die Bauern unter der Hitze, andererseits ziehen im Sommer auch immer wieder heftige Unwetter mit Sturmböen, Hagel und sintflutartigen Regenfällen über das Land.

Das Ortungssystem Aldis registrierte rund 150.000 Blitzeinschläge!

Was wirklich zählt

BARBARA STÖCKL
barbara.stoeckl@kronenzeitung.at

Pflege

Jeden Tag bekomme ich Briefe und Mails, in denen es um zutiefst menschliche, aufopfernde, gelungene Pflege geht. Die gibt es in unserem Land, Tausende Male, jeden Tag. Und dann gibt es das, was in der letzten Woche für Schlagzeilen gesorgt hat: widerliche, gewaltsame, dramatische Übergriffe gegenüber wehrlosen alten Menschen. Hier ist die Politik und der Rechtsstaat mit all seinen Möglichkeiten gefordert!

Und dann gilt es, auch hinzuschauen und uns einzugestehen, wie wir mit diesen Situationen umgehen. Dort, wo das Alter nicht weise, gütig, zufrieden und duldsam ist. Dort, wo es oft grausam und auch grauslich wird. Wo es großen Mut braucht, um die Zumutung des Sterbens auszuhalten. Wo man erkennt, dass unser Leben an einem dünnen Faden hängt und wir immer auf die Unterstützung anderer angewiesen sind!

Mein großer Respekt gilt den Menschen – pflegenden Angehörigen, freiwilligen wie beruflichen Pflegekräften – die in diesem Grenzbereich des Lebens tätig sind. In dem eben nicht nur Liebe und Menschlichkeit, Professionalität und Kompetenz, sondern auch Ohnmacht, Traurigkeit und Wut die Mitspieler sind. Menschen, die in diesem heiklen Bereich tätig sind, brauchen unbedingte professionelle Unterstützung, die angeboten, aber auch eingefordert werden muss. Arbeitsbedingungen, Ausbildung, Strukturen und Chefs, die diese Hilfe ermöglichen und begleiten. Anerkennung und Achtung, damit die Würde des Menschen immer unantastbar bleibt!

Misshandlungsvorwürfe > Zwei Verdächtige durften weiter

Heimskandal: Pfleger

Paukenschlag im Heimskandal von Kirchstetten (NÖ)! Nachdem bereits fast ein Jahr wegen sadistischer Misshandlungsvorwürfe ermittelt wird, erlässt die Staatsanwaltschaft eine Festnahmeanordnung wegen Tatbegehungsgefahr für zwei der fünf beschuldigten Pfleger. Sie hatten in einem kirchlichen Heim in Wien gearbeitet…

Nach dem Rauswurf waren der Mann und die Frau in der Bundeshauptstadt untergekommen. Daraufhin zeigt sich die Justiz hart und lässt die beiden Pfleger festnehmen. Doch schon nach 24 Stunden und einem Gelöbnis, nicht wieder in einem Heim zu arbeiten, kommen die beiden Verdächtigen frei. Deren Anwalt Stefan Gloß: „Die Weisung, den Beruf nicht auszuüben, wird angefochten." Zudem kritisiert der Jurist die langsam mah-

Profi-Einbrecher knacken mit Spezialsender Autos

Brecheisen oder der Schlossstich sind von gestern – heute gehen Autoknacker mit elektronischem High-Tech-Werkzeug auf Einbruchstour. „Krone"-Redakteur Lukas Lusetzky: „Auf einem Parkplatz in Vösendorf bei Wien hat ein Profi aus Tschechien mit einem Störsender die Türverriegelungen blockiert und Fahrzeuge ausgeräumt."

Wegen Ehre der Schwester: Tschetschene schlägt zu

Ein Akt von Zivilcourage bringt einen 15-Jährigen aus Groß-Siegharts (NÖ) ins Spital. „Als der Teenager vor seiner Mittelschule einen Streit zwischen einem Tschetschenen und einem 12-Jährigen, der dessen Schwester schöne Augen gemacht hat, schlichten will, schlägt der 22-jährige Hüne zu", so „Krone"-Redakteur Josef Poyer.

Der Gang im Pflegeheim von Kirchstetten (NÖ). Seit einem Jahr laufen wegen Misshandlungsvorwürfen Ermittlungen.

Senioren betreuen

in Haft

lenden Mühlen der Justiz. Seit Auffliegen der Affäre im Herbst des Vorjahres wären seine Mandanten nur einmal einvernommen worden, ein Gutachten liege bis heute nicht vor.

Wie die „Krone"-Redakteure Oliver Papacek und Martina Münzer recherchieren, „holt der Skandal auch die Wiener Heimleiterin ein, die rausgeworfen wird". Sie hätte zwar von den Misshandlungsvorwürfen gewusst, trotzdem durften die beiden Beschuldigten weiter Senioren betreuen.

Zudem entbrennt in der hitzigen Debatte auch eine Diskussion um ein Berufsverbot bereits zu dem frühen Zeitpunkt, wenn nur Verdachtsmomente vorliegen.

Trauer um eine echte Wiener Catch-Legende

Österreich trauert um einen seiner unvergesslichen Volkshelden! „Big" Otto Wanz – als Catcher und nicht zuletzt durch seine Einträge im „Guinessbuch der Rekorde" für das Zerreißen von dicken Telefonbüchern zur Legende geworden – ist im 75. Lebensjahr nach kurzer schwerer Krankheit in seiner Heimatstadt Graz verstorben. Der gelernte Kfz-Mechaniker begann als Boxer, bevor er als Europameister der Berufsringer erfolgreich ins Wrestling-Business wechselte und sich 1982 als erster Europäer zum Weltmeister in Amerika krönte.

Appell von NÖ-Landeschefin: „Wiener U-Bahn ins Umland"

„Die dicht besiedelte Umgebung von Wien wächst. Für Tausende Pendler, die auf dem Außenring, der Tangente, der Ostautobahn, der Donauufer-Autobahn oder der West ist Stau Alltag", analysiert „Krone"-Chef vom Dienst Harold Pearson. NÖ-Landeschefin Johanna Mikl-Leitner will nun eine Verlängerung der Wiener U-Bahn ins Umland.

Juwelier-Coup: Nach Raub nun Einbruch mit Spitzhacke

Blitz-Coup auf einen Juwelier in Rechnitz (Burgenland): Mit einer Spitzhacke schlagen Einbrecher das Panzerglas des Schmuckgeschäftes ein und plündern die Auslage. „Bereits 2013 war die Frau des Inhabers von bewaffneten Räubern überfallen worden. Die Täter wurden damals gefasst", so „Krone"-Redakteur Karl Grammer.

Rot-weiß-rote Mission zum Mars: An der „größten Reise" unserer Generation arbeitet auch das Österreichische Weltraumforum. Bevor in 20 bis 30 Jahren der erste Mensch den Roten Planeten betreten soll, wird aber noch fleißig getüftelt. In der Wüste von Oman sind bei einer Großübung an die 200 Experten aus 25 Nationen im Einsatz. Getestet werden die Ausrüstung wie Raumanzüge und das E-Mobil „Ziesel" (Bild oben), aber auch Software und Arbeitsabläufe, um mögliche Schwachstellen zu identifizieren.

Zwei Hurrikan-Monster wüten mit Windspitzen bis 300 km/h in der Karibik und auf

„Harvey“ & „Irma“ – Spur der

Die Millionenmetropole Houston ist nach „Harvey“ völlig überflutet. Mit Hubschraubern werden Menschen aus den Wassermassen gerettet.

Gleich zwei verheerende Hurrikans wüten binnen weniger Tage in der Karibik und auf dem amerikanischen Festland. Während Texas nach „Harvey“ noch aufräumt, trifft „Irma“ mit Windspitzen bis zu 300 km/h mehrere Trauminseln und erreicht dann die US-Küste. Die Tropensturm-Monster hinterlassen Tote und Milliarden-Schäden.

In Texas zerstört „Harvey“ 100.000 Häuser und hinterlässt einen geschätzten Schaden von 190 Milliarden (!) Dollar. Damit dürfte der Sturm zum teuersten Naturereignis der US-Geschichte werden. Doch es gibt kein Aufatmen. Denn schon braut sich der nächste Hurrikan zusammen. Und „Irma“ zieht ebenfalls eine Schneise der Verwüstung. Mehrere Karibik-Trauminseln werden praktisch dem Erdboden gleichgemacht – dann zieht das „Monster“ der Höchststufe 5 über das Meer weiter in Richtung Atlantikküste.

Die Warnung des US-Hurrikanzentrums an die Bewohner von Florida könnte nicht drastischer sein: „Wer nicht geht, den wird ‚Irma‘ töten!“ Im letzten Moment dreht der Tropen-Sturm vor Miami ab und fegt am Golf von Mexiko entlang. 12.000 Flüge werden abgesagt, eine Million Haushalte sind teils wochenlang ohne Strom, die Florida Keys nicht erreichbar.

Neben der Trauer um die vielen Opfer ist auch hier der Schaden gigantisch: 100 Milliarden Dollar. In mehreren Bundesstaaten wird der Notstand ausgerufen.

Die Wetterkarten mit „Irma“ im US-Hurrikanzentrum

US-Festland > Notstand ausgerufen:

Verwüstung!

Die Skyline von Miami – die Stadt wird knapp verschont. Doch das Monster trifft mehrere Karibik-Trauminseln wie Saint Martin (kl. Bild oben) und die britischen Jungferninseln: Einer Riesenfaust gleich werden Schiffe wie Spielzeug (li.) herumgeschleudert.

Miss America legt sich mit Donald Trump an. Amerikas neue Schönheitskönigin ist anders und zeigt neben Kurven auch ihr Herz für den Umweltschutz: Denn die 23-jährige Cara Mund kritisiert in ihrer Rede die Klimapolitik des US-Präsidenten scharf. Die Absolventin einer Eliteuni will jetzt als Politikerin voll durchstarten und erste Gouverneurin ihres Heimatstaates North Carolina werden.

Michaela Kardeis ist offiziell Oberste Polizistin:

Frau General neu im Amt

Sie ist die erste Frau, die den Top-Posten innerhalb der österreichischen Polizei übernimmt: Seit 1. September ist Michaela Kardeis ganz offiziell Generaldirektorin für die Öffentliche Sicherheit. Sie löst damit Konrad Kogler ab, der als Landespolizeipräsident nach Niederösterreich wechselt. Bei ihrer Antrittsrede im Innenministerium zitiert die 45-jährige Salzburgerin Mozart und Falco.

Innenminister Wolfgang Sobotka mit seiner Generaldirektorin

Thema des Tages

KURT SEINITZ
kurt.seinitz@kronenzeitung.at

Was tun mit Nordkorea?

Wo Putin recht hat, hat er recht: Neue (zu den ohnehin schon dutzendfach verschärften) Sanktionen sind sinnlos und nutzlos. Die Hochrüstung würde fortgesetzt, so der Kremlchef, selbst wenn die Nordkoreaner Gras essen (müssten), solange das Regime keine Sicherheit hat.

Libyens Gadafi und Iraks Saddam Hussein hatten auf Atomwaffen verzichtet. Ihr Schicksal ist bekannt. Deshalb, so Putin, sei es nötig, einen Verhandlungsweg zu finden.

Ein altes Sprichwort sagt: Besser mit dem Teufel verhandeln, als in der Hölle leben. Wer macht den ersten Schritt?

Nordkoreas Babyface-Diktator kann sich darauf verlassen, dass eine vereinte Front USA – China – Russland gegen ihn nie lange hält. Denn Russland und China haben ein langfristiges Ziel: die Vorherrschaft der USA in der Welt zu brechen. (Bei einem Zusammenbruch Nordkoreas und einer Wiedervereinigung beider Koreas hätte China die Atommacht USA direkt an seiner Grenze.) Trump wiederum bringt es fertig, China um Hilfe zu bitten und gleichzeitig mit einem Handelskrieg zu drohen – wie auch gegen das USA-verbündete Südkorea. Und die USA und Russland ihrerseits führen eine Neuauflage des Kalten Krieges.

Die USA sind (schon vor Trump) ein derart unberechenbarer und unverlässlicher Faktor in der internationalen Arena geworden, dass sich dort kaum noch jemand findet, der Vertrauen in Vertragsverhandlungen mit dem Weißen Haus setzt.

Dieses Foto zeigt Nordkoreas Diktator Kim Jong Un im Kreis seiner Militärs angeblich mit einer Wasserstoffbombe. Er droht erneut, die Superwaffe für Testzwecke über dem Pazifischen Ozean zu zünden.

Wien: Ehrenmord-Verdacht > 28 Messerstiche für Afghanin (14)

Schwester von Bruder

Ehrenmord-Verdacht mitten in Wien! Ein 18-jähriger Afghane soll seiner erst 14-jährigen Schwester aufgelauert und die Flüchtende im Innenhof eines Gemeindebaus mit 28 Messerstichen getötet haben. Das Mädchen hatte zuletzt in einem Krisenzentrum des Jugendamtes gewohnt. Auch der Vater des Opfers gerät ins Visier der Ermittler.

Das Überwachungsvideo aus der U-Bahnstation (oben) zeigt, wie der 18-jährige Afghane (li.) seine Schwester verfolgt. Im Blutrausch sticht er dann 28 Mal auf die 14-Jährige ein.

Mit einem Kampfmesser will der anerkannte Flüchtling seine jüngere Schwester zur Rede stellen. Dann sticht er angeblich nach einem Streit zu. Immer wieder – wie im Blutrausch. Die Mordermittler des Wiener Landeskriminalamtes übernehmen den brisanten Fall.

Wie „Krone"-Reporterin Martina Prewein aufdeckt, könnte es sich tatsächlich um einen Ehrenmord handeln. Das 14-jährige Mädchen war vor seiner Familie in ein Krisenzentrum geflüchtet. Zudem hatte sie Gewaltvorfälle angezeigt, ihre Aussage aber später zurückgezogen.

Auch der Vater gerät ins Visier der Justiz. Er soll die neue

Unsere Butter so teuer wie nie . . .

Alles in Butter bei der Butter? Von wegen! Denn der Preis des wertvollen Lebensmittels von der Kuh klettert und klettert nach oben. Auch das nun schon beginnende Backen der Weihnachtskekserln wird teurer. Und die Wiener Konditorei-Kette „Aida" klagt über den ersten „Buttermangel" seit dem Zweiten Weltkrieg.

Flucht vor Familie

getötet

Liebe seiner Tochter mit dem Umbringen bedroht und, wie Überwachungsbilder beweisen, den Motorradhelm seines Sohnes von jener U-Bahnstation abgeholt haben, von der dieser der 14-Jährigen folgte – nur 30 Minuten später tötete der 18-Jährige seine Schwester.

Krone-Chronik September 2017

- Messerstiche wegen Freundin: Bei einer blutigen Fehde zwischen Asylwerbern im niederösterreichischen Baden zückt ein 19-jähriger Afghane ein Messer. „Ein 15-jähriger Landsmann liegt nach vier Bauchstichen im Spital, der Täter ist in Haft", so „Krone"-Redakteur Christoph Weisgram.
- Prügel nach Streit in der Rettungsgasse! „Krone"-Redakteurin Iris Wind berichtet: „Ein deutscher Urlauber schlägt einen 70-jährigen Salzburger auf der Tauernautobahn krankenhausreif."
- Erneut Aufregung um US-Polizisten: Weil die weiße Beifahrerin vor lauter Angst bei einer Verkehrskontrolle weder ihre Hände heben noch aus dem Auto aussteigen will, versucht Streifenbeamter Greg Abbott sie auf seltsame Art zu beruhigen: „Keine Sorge, wir erschießen nur Schwarze."

Parlament zieht in die Hofburg

Kehraus im altehrwürdigen Nationalratssaal (Bilder links): Während das in die Jahre gekommene Parlament hinter der Statue von Pallas Athene am Ring in der Wiener Innenstadt saniert wird, müssen die Abgeordneten in die Hofburg ausweichen. Künftig finden die Sitzungen unter dem Republiksadler im Großen Redoutensaal (oben) statt. Das abgebaute Parlaments-Mobiliar wird indes unter dem Motto „Ein Stück Demokratiegeschichte" im Dorotheum versteigert.

Vater tötet Töchter und Gattin in Haus **Täter stirbt nach Sprung aus Fenster**

Familie mit Messer ausgelöscht

Eine Amoktragödie in Hohenems (Vorarlberg) löst Bestürzung aus: Ein türkischstämmiger Familienvater (38) tötet seine Ehefrau und die beiden Töchter. Danach sticht sich der Rasende selbst das Mordmesser in die Brust und springt aus dem Badezimmerfenster in den Tod.

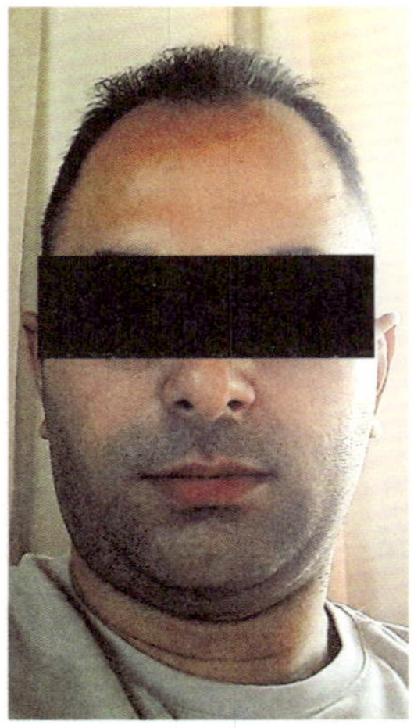

Tarik H. (38) dreht in den frühen Morgenstunden durch, greift zum Messer und löscht seine Familie aus. Die beiden Mädchen (li.)haben keine Chance. Nachbarn stellen im Mordhaus Kerzen vor die Tür.

Dabei wurde dem Mann erst einen Monat vor der Bluttat ein Betretungsverbot auferlegt. Trotzdem verschafft er sich nun Zutritt.

„Hintergrund des Familiendramas ist wohl ein ständiger Streit, den es zwischen den Ehepartnern gab", berichtet das „Krone"-Team Angelika Drnek, Elred Faisst und Emanuel Walser. Nachbarn reden sogar von einer so genannten On-Off-Beziehung: Mal krachte es, mal zeigt man sich wieder versöhnt. Diesmal artete der Streit in den frühen Morgenstunden aus. Laut Spurensicherung tötete Tarik H. zuerst seine Kinder, dann erschlug er mit einem Hammer seine Frau und rammte ihr danach eine Klinge in den Körper. Das genaue Motiv bleibt unklar.

Der Täter erzählte aber immer wieder von „psychischen Problemen", die ihn plagen würden . . .

Krone-Chronik September 2017

- Weil die EU die Beitrittsverhandlungen mit der Erdoğan-Türkei nicht abbricht, läuft die „Heranführungshilfe zur Förderung der Demokratie" in Milliardenhöhe weiter. Kosten für Österreich: 220 Millionen €.
- Bereits mehr als ein Drittel der Eltern, die Kinderbetreuungsgeld beziehen, sind keine Österreicher. Sie erhielten allein im Vorjahr 257 Millionen €. In Wien leben mittlerweile mehr ausländische (55%) als inländische Kindergeldbezieher.

Kriegspielzeug als Selfiemotiv vor Moschee

Ein Bild mit eigentümlicher Anmutung, selbst wenn das Gewehr des Kleinen, das er kämpferisch wie ein Großer in die Luft streckt, nur aus Plastik ist. Der Vater jedenfalls schießt begeistert ein Selfie von sich und ihm. So feiern Moslems in Jerusalem das Opferfest vor der berühmten Moschee auf dem Tempelberg. Für Palästinenser gilt: kein Heiligtum ohne Waffe.

Wiens Charme verzaubert die Wachau

Waltraud Haas und Verena Scheitz bezaubern die Wachau bei den 13. Festspielen im malerischen Weißenkirchen. Unter der Intendanz und Regie von Markus Strahl begeistern die beiden waschechten Wienerinnen in zwei Komödien: Die quirlige Kabarettistin, Schauspielerin und Moderatorin Scheitz überzeugt als Fürstin vom Weinberg in der Posse von Peter und Florentina Hofbauer. Und anlässlich ihres 90. Geburtstages und des 70. Bühnenjubiläums ist Waltraud Haas im großen Wachau-Klassiker „Hofrat Geiger" zu sehen.

„Aus" für Anti-Terror-Wall im Regierungsviertel · Unsummen für Baudesaster

Poller statt Mauer beenden peinliche Wiener Politposse

Politposse vor dem Wiener Regierungsviertel! Erst nachdem mit dem Bau einer 67 Meter langen Anti-Terror-Mauer begonnen worden war, wird ersichtlich, dass der Betonwall das Barockensemble stören würde. Schließlich führt ein Bürgerprotest zum Baustopp: 58 stählerne Poller sollen stattdessen für Sicherheit sorgen.

Nach Baubeginn wird der Wall gestoppt. „Vollpoller als Wiener Attraktion", aus der Sicht des Karikaturisten Bruno Haberzettel.

Bundeskanzler Kern und Kanzleramtsminister versichern auf „Krone"-Anfrage hoch und heilig, dass sie über dieses Bauvorhaben nicht informiert gewesen wären und erlassen einen sofortigen Baustopp. Nach einer Sitzung hochrangiger Beamter zerbröselt der Betonwall schließlich. Die Lösung: Die Sicherung des Kanzleramtes und der Hofburg erfolgt durch die Errichtung von 53 Pollern. Kosten: 668.000 Euro.

Für den „Krone"-Starkolumnisten Tassilo Wallentin ist der Mauer-Plan noch aus einem ganz anderen Grund eher fragwürdig: „Die Sicherheitslage in Europa ist dramatisch schlecht. Eine Stahlbetonmauer soll die Staatsspitze schützen. Während man die Bürger im Stich lässt, verschanzen sich die Politiker."

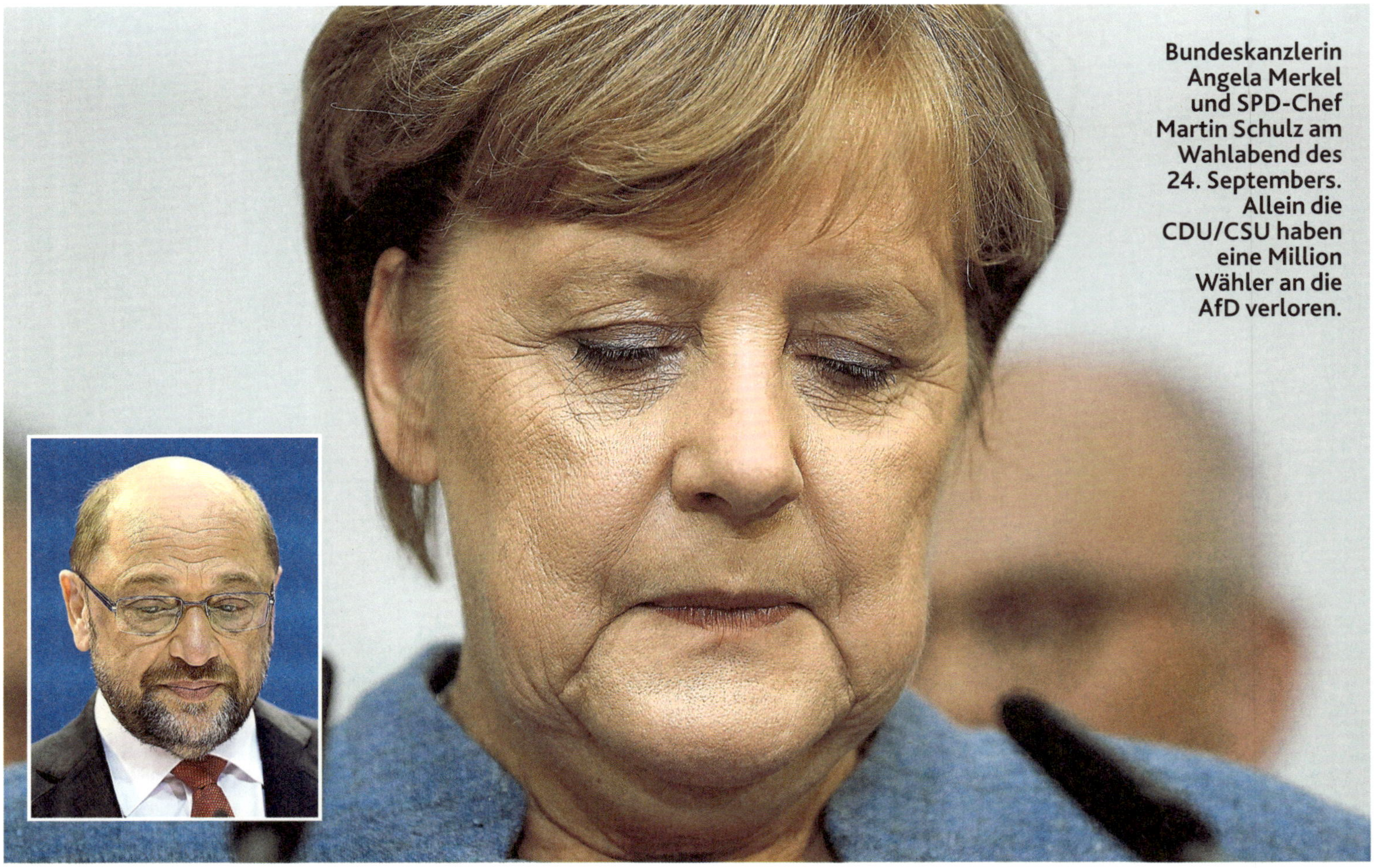

Bundeskanzlerin Angela Merkel und SPD-Chef Martin Schulz am Wahlabend des 24. Septembers. Allein die CDU/CSU haben eine Million Wähler an die AfD verloren.

Politischer Umbruch in Deutschland ▸ Rechtsextremistische AfD als Gewinner

Merkel: Quittung für Asylpolitik

Politischer Umbruch in Deutschland, obwohl die schwer angeschlagene Angela Merkel auch die nächste Bundesregierung führen wird: Als Regierungskoalition ist nur noch ein Dreierbund CDU/CSU-FDP-Grüne möglich, da die SPD in die Opposition flüchtet. Großer Sieger: die AfD.

Das Wahlergebnis zeigt die neue politische Landschaft im Vergleich zur Bundestagswahl 2013:

- CDU/CSU 32,9 % (minus 8,6)
- SPD 20,5% (minus 5,2)
- AfD 12,6% (plus 7,9)
- FDP 10,7% (plus 5,9)
- Linke 9,2% (plus 0,6)
- Grüne 8,9% (plus 0,5)
- Sonstige 5%

Wahlsieger: AfD Spitzenduo Alice Weidel und Alexander Gauland

Nach der historischen Niederlage verabschiedet sich SPD-Chef Martin Schulz in die Opposition. Er nennt die Flüchtlingspolitik als einen Grund für den Absturz der Großen Koalition. Angela Merkel bleibt nach ihrem schlechtesten Wahlergebnis pragmatisch: „Gegen uns kann keine Regierung gebildet werden."

Der Chef der rechtsextremistischen Alternative für Deutschland (AfD), Alexander Gauland, findet starke Worte: „Wir werden uns unser Land zurückholen! Die nächste Regierung kann sich schon jetzt warm anziehen. Wir werden sie vor uns herjagen. Das Parlament wird endlich wieder zur politischen Bühne."

Staatsdruckerei im Geschäft mit Kim

Nordkorea hat Pässe aus Österreich . . .

Im aktuellen Nordkorea-Konflikt spielt auch Österreich eine heikle politische Rolle. Wie Christoph Budin, Ressortchef der „Krone"-Österreich-Redaktion aufdeckt, machte unsere Staatsdruckerei Ende 2015 Geschäfte mit dem irren Kim. Zu dieser Zeit hatte der Diktator sein Land allerdings noch nicht völlig von der Weltgemeinschaft abgeschottet. Deshalb bestellte Kim Tausende Pässe der österreichischen Staatsdruckerei. Ein Insider dazu: „Besser wir liefern Pässe und sind über die Sicherheitsmerkmale informiert."

Kate & William erwarten 3. Kind

Der Kensington-Palast teilt am 4. September eine erfreuliche Meldung mit: Herzogin Kate und Prinz William (beide 35) erwarten ihr drittes Kind. Und wie bei den beiden vorangegangenen Schwangerschaften leidet Kate wieder an einer schweren Form der Schwangerschaftsübelkeit, der sogenannten Hyperemesis gravidarum. Im Bild sehen wir Kate mit der zweijährigen Charlotte und Prinz William mit dem vierjährigen George.

Der Zauber der neuen Montur: Die alten Bundesheer-Uniformen (rechts) haben ausgedient. Statt des gewohnten Olivgrüns tragen unsere Soldaten ab 2019 Kampfanzüge in Tarnfarben.

Innovative Bundesheer-Optik in Camouflage:

„Wachablöse" – Neue Uniformen für Soldaten

Das Bundesheer bekommt ab 2019 eine neue Uniform. Sie ist funktional gestaltet und entspricht den Anforderungen der aktuellen Einsatzumgebung. Berücksichtigt werden auch Witterungsschutz und Tragekomfort – sechs Tarnfarben statt dem alten Grün!

„Die neue Uniform ist ein wichtiger Schritt in der notwendigen Modernisierung des Heeres. Unsere Soldaten sollen im Einsatz bestmöglich ausgestattet sein", so SPÖ-Verteidigungsminister Hans Peter Doskozil. Und: Mit dieser Modernisierung soll auch die heimische Textilindustrie gestärkt werden. Denn bisher wurden die Uniformen in Spanien hergestellt. „Das Verteidigungsministerium investiert 1,2 Milliarden Euro in Geräte und Ausstattung der Truppe", so Heeressprecher Oberst Michael Bauer.

Post von Jeannée

MICHAEL JEANNÉE
michael.jeannee@kronenzeitung.at

Liebe (Burka-)Polizei,

sowohl hoch an der Zeit als auch völlig okay – das gesetzlich definitive Verhüllungsverbot auf unseren Straßen ab 1. Oktober:

Als Euer bekennender Freund bin ich zwar überzeugt, dass Ihr auch diese komplett neue Herausforderung, Burka-Musliminnen zur Ordnung zu rufen . . .

. . . was mit Polizeiarbeit im engeren Sinn nicht das Geringste zu tun hat . . .

. . . und Ihr im Übrigen gebraucht habt wie den berühmten Kropf . . .

. . . dass Ihr das also schafft.

Aber leicht, liebe Freunde und Helfer, leicht wird's nicht werden.

Denn die vereinigte Linke, die notorischen Polizeihasser und -verleumder und deren verlässliche Erfüllungsgehilfen in gewissen sattsam bekannten Medien haben sich den 1. Oktober schon rot angestrichen . . .

. . . und warten begierig darauf, dass da „was passiert", es zu Über- und Polizeigriffen kommt, worüber dann samt „Videobeweisen" ausgiebig reportiert werden kann.

Ihr kennt das ja, liebe Freunde und Helfer, zur Genüge und zum Erbrechen.

Deshalb heißt es für Euch ab dem 1. Oktober vor allem: Nerven bewahren, cool bleiben, nicht provozieren lassen.

Dann kann nichts passieren!

PS: Außerdem steht die „Krone" gesamtredaktionell fest hinter Euch – quasi die halbe Miete.

Toi, toi, toi,
Euer

Das von Madrid aus verbotene Unabhängigkeits-Referendum

Spanien: Blut & Tränen

Am Sonntag rund um das von Madrid verbotene Unabhängigkeits-Referendum versinken Katalonien und ganz voran die Hauptstadt Barcelona im Chaos. Ein Katz-und-Maus-Spiel mit der Polizei fordert Hunderte Verletzte – Katalonien reklamiert das Recht auf einen eigenen Staat.

Katalanen diskutieren mit Polizisten in martialischer Montur. Puigdemont weiß: „Es wird eng."

Polizisten stehen vom Airport bis Zell am See im Einsatz:

Kontrolle des Burka-Verbots zeigt österreichweit Wirkung

Ermahnung für eine Touristin

Ebenso ruhig wie besonnen geht es bei den ersten österreichweiten Kontrollen des Vermummungsverbotes zu. Egal, ob am Schwechater Flughafen oder in Zell am See (Salzburg), es bleibt dank freundlicher Polizeihinweise und Erklärungen sowie mehrsprachiger Flugzettel ruhig. Die Touristen akzeptieren das Burka-Verbot.

Niederösterreichs Presse-Chefinspektor Johann Baumschlager unterstützt die Uniformierten auf dem Schwechater Flughafen am Tag 1 des Anti-Verhüllungsgesetzes bei der Ankunft von Fluggästen aus Marokko, Ägypten oder Dubai. „Fakt ist, dass unsere Beamten sehr sensibel vorgegangen sind. Sie haben informiert und viersprachige Flugzettel verteilt", so Baumschlager.

Zwischenbilanz nach 14 Tagen: 30 Amtshandlungen, zumeist Abmahnungen und nur acht Anzeigen, fast immer wegen Provokationen.

Unser Flugretter in der Arktis! Der Salzburger Helikopter-Pilot Gunther Harl hat seinen Arbeitsplatz in einer der unwirtlichsten Gegenden der Welt – mitten in der Arktis. Gregor Brandl, Vize-Ressortchef der „Krone"-Österreich-Redaktion, berichtet in einer packenden Reportage aus Narsarsuaq über den Grönlandhelden.

führt zu enormem Chaos ▸ Einige Separatisten eingesperrt

im Katalonien-Konflikt!

Trotz der Staatsmacht mit der Madrid die Wahl verhindern wollte, gehen 42% der Wahlberechtigten zu den Urnen. Schließlich votieren 92% für die Unabhängigkeit. Als das Ergebnis bekannt wird, brandet Jubel unter den Katalanen auf. Doch von Spaniens Verfassungsgericht wird die Wahl für illegal erklärt.

Tage später werden mit Jordi Sánchez und Jordi Cuixart sogar zwei Anführer der Unabhängigkeitsbewegung wegen aufrührerischem Verhalten verhaftet. Und Andalusiens Polizeichef Josep Luís Trapero muss sich alle zwei Wochen, ebenfalls wegen „Aufrührerei" vor Gericht melden.

Ein Ultimatum von Spaniens Premier Mariano Rajoy an Kataloniens Regierungschef Carles Puigdemont jagt das andere. Der Konflikt brodelt ...

Spaniens König Felipe VI warnt: „Kataloniens Führung gefährdet die Stabilität Spaniens."

Krone-Chronik Oktober 2017

▸ „Um die Bevölkerung bei gefährlichen Einsätzen wie Terroranschlägen am Laufenden zu halten, startet Wiens Polizei mit Twitter-Infos", so Kommunikationschef Manfred Reinthaler.

▸ Die ehemalige syrische IS-Hochburg Rakka ist nach monatelangen Kämpfen endlich von der Herrschaft der Dschihadisten befreit.

▸ Bei einem Anschlag wird die maltesische Journalistin Daphne Galizia getötet. Die Bloggerin (53) hatte über Korruptionsverdacht innerhalb der Regierung berichtet.

▸ Von Liz Taylor bis Udo Jürgens - viele Promis haben die Eden Bar in der Vergangenheit besucht. Nun ist das Lokal in der Wiener City pleite.

Der Sexskandal um Hollywood-Mogul Harvey Weinstein zieht immer größere Kreise. Nachdem ihn bereits mehrere Schauspielerinnen öffentlich wegen sexueller Belästigung beschuldigt haben, meldet sich Filmstar Rose McGowan. Sie sagt aus, dass der Produzent sie vergewaltigt habe.

Mit seinem Wahl-Hokuspokus schafft das Magier-Duo Thommy Ten und Amélie von Tass eine unglaubliche Zauberleistung. Schon am Freitag vor der Wahl hinterlegen sie in einer versperrten und versiegelten Box das richtige Wahlergebnis (ohne Wahlkarten). Unsere neue, topaktuelle Abendkrone berichtet über die Voraussage.

Massaker mit 58 Toten

Scharfschütze feuert von Hotelsuite aus

Blutbad unter Besuchern von Musik-Fest

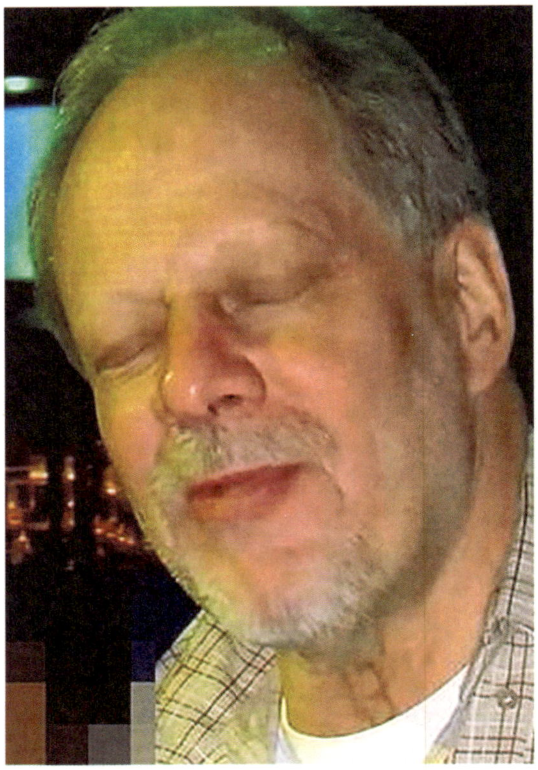

US-Massenmörder Stephan Paddock (64) richtet sich selbst in seiner Hotelsuite.

Es ist der schlimmste Amoklauf in der US-Geschichte! Der pensionierte Buchhalter Stephan Paddock feuert minutenlang Tausende Schüsse aus einem Hotel in Las Vegas auf Besucher eines Countrymusik-Festivals. 58 Menschen sterben im Kugelhagel, der Massenmörder richtet sich – als die Polizei stürmt – selbst.

„Es ist 22:05 Uhr, als in der Spielerstadt die Hölle losbricht", beschreiben die „Krone"-Auslandsredakteure Ed Ricker und Eva Lehner dramatisch. Aus zwei eingeschlagenen Fenstern in einer Suite im 32. Stock des Hotelcasinos „Mandalay Bay" schießt der 64-jährige Waffennarr Stephan Paddock auf ahnungslose Besucher eines Musikfestses. Zuvor hat er das Zimmer 32135 zu einem Schießstand umgebaut. Ermittler finden später mehr als 20 Waffen.

Mehr als zehn Minuten feuert der pensionierte Buchhalter mit zwei auf Stativen stehenden, halbautomatischen Gewehren, die durch einen sogenannten Bumb-Stock-Einbau auf Dauerfeuer umgebaut sind, Tausende Schüsse ab. 58 Menschen sterben, mehr als 500 werden verletzt. Als die Polizei die Suite aufsprengt, richtet sich Paddock selbst.

Während Las Vegas unter Schock steht, rätseln die Ermittler über das Motiv des Mörders.

Fassungsloser Blick nach oben: Die zwei eingeschlagenen Fenster (Kreis) im Las-Vegas-Hotelcasino „Mandalay Bay"

Trauer und Kerzenmeer für die Opfer des Massakers in der Spielerstadt. Ganz rechts: die vielen Gesichter der Opfer. Es sind Pärchen und junge Menschen, mitten aus dem Leben gerissen. Sie alle wollten beim Countrymusik-Festival „Route 91 Harvest" nur Spaß haben, als die Hölle losbrach.

erschüttert Spielerstadt

⊙ Dramatik: Ein verlorener Cowboy-Stiefel, heldenhafte Rettungsversuche (o. re.) und entsetzte Opfer, die Schutz suchen. ⊙

Foto: sepp pail

Auf der Flucht habe ich dann auch noch mein Handy verloren, deshalb konnten mich meine Verwandten lange nicht erreichen. Ich habe jetzt noch die Salven im Ohr.

Augenzeuge, Tätowierer Mario Barth

Mit dem Sturmgewehr > Mordermittlungen:

Kasernen-Drama: Soldat erschießt Kameraden (20)

Drama in der Albrechtskaserne in Wien! Ein 22-jähriger Wachsoldat tötet einen jungen Rekruten. Eine Kugel aus dem Sturmgewehr trifft den 20-Jährigen in den Kopf. War es ein fataler Unfall oder Mord? Im Verhör mit den Ermittlern kann der in U-Haft sitzende Todesschütze sich bei vielen Detailfragen „nicht erinnern". Während sein Vater („Er ist ein guter Bub") nicht an Absicht glaubt, zweifelt die Familie des Toten diese Version an: „Wir glauben nicht an einen Unfall!" Das Gericht beauftragt einen Schusssachverständigen.

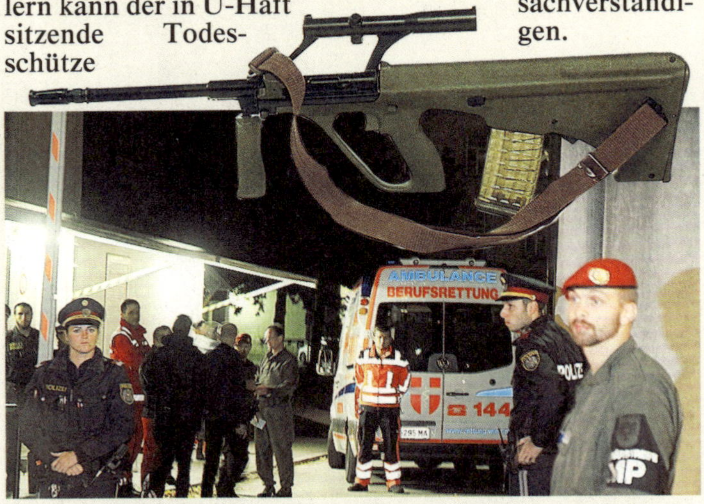

Todesrätsel in der Kaserne – „Tatwaffe": Ein Sturmgewehr

Ein nachdenklicher Vettel – Hamilton mit Siegerpokal

Formel 1-Duell zwischen Hamilton und Vettel

Ferrari-Pannen im Finale

Die Formel 1 ist heuer so spannend wie schon lange nicht mehr. Ferrari durchbricht die Dominanz von Mercedes, auf der Rennstrecke kommt es zum packenden Duell zwischen Vierfachweltmeister Sebastian Vettel und Lewis Hamilton, der ebenfalls seinen vierten Titel holen will. „Nach der Sommerpause noch vorne, streikt die ‚rote Göttin' des Deutschen im Saisonfinale", so „Krone"-Motorsportexperte Richard Köck. Zwei Pannen stoppen Vettel, der Brite Hamilton ist auch in Japan der lachende Dritte – eine WM-Vorentscheidung.

Nach verpatzter EURO und verpasster WM-Qualifikation zieht ÖFB die Reißleine:

Teamchef-Ära Koller zu Ende

Mit der EURO in Frankreich beginnt der Abstieg unserer Fußball-Nationalmannschaft. Nach der ebenfalls verpatzten WM-Qualifikation zieht der ÖFB die Reißleine: Die Ära von Teamchef Marcel Koller ist zu Ende – ein Österreicher soll folgen.

Sinnbild für Krise: Alaba (li.) – Louis Schaub (o.) gehört die Zukunft.

Nach sechs Jahren wird der Vertrag des Schweizers nicht verlängert. Koller hatte viele Verdienste, er brachte das Team an die Top 10 der Weltrangliste heran. Doch mit der verpatzten Europameisterschaft kommt unsere Nationalmannschaft aus dem Tritt.

Viele verpasste Torchancen und andererseits sofort bestrafte Abwehrfehler führen dann zur verpassten WM-Qualifikation. Nachfolge-Favoriten sind zwei deutsche Trainer und der Wiener Peter Stöger.

Grüne fliegen nach 31 Jahren aus dem Parlament ➔ Türkis als neue Modefarbe:

Polit-Landschaft vor Umbruch

Der schmutzigste Wahlkampf in Österreichs Geschichte hat einen strahlenden Sieger: Sebastian Kurz' neue ÖVP färbt die Polit-Landschaft türkis. Die SPÖ rettet Platz 2, die Grünen fliegen nach 31 Jahren aus dem Parlament.

Hauptgrund für die Wähler bei der Liste Kurz ihr Kreuz zu machen ist vor allem der 31-jährige Spitzenkandidat und der Wunsch nach einem neuen Stil in der Politik. Bei den ebenfalls dazugewinnenden Freiheitlichen ist hingegen die harte Asylpolitik das Wahlmotiv. Vor allem die Bundesländer bringen Sebastian Kurz den Sieg. Analyse von „Krone"-Salzburg-Chefredakteur Hans-Peter Hasenöhrl: „Der urbane Raum war immer die Achillesferse der ÖVP. Jetzt, wo sie zu einer offenen und liberalen Bewegung mutiert ist, scheint manches anders zu sein."

Knalleffekt auch bei den Grünen: Die einst stolze Umweltpartei fällt unter die 4-Prozent-Marke! Während Burgenland knapp und Wien klar in roter Hand bleiben, heißt die Modefarbe in Kärnten wieder blau. „Kärnten war, ist und bleibt anders", so „Krone"-Chefredakteur Hannes Mösslacher. Jetzt beginnt jedenfalls der Verhandlungspoker, bei dem sich Kurz zum jüngsten Regierungschef weltweit krönen könnte...

Österreich hat die Veränderung gewählt

Montag, 16. Oktober 2017 € 1,20

Wahl Extra

Kronen Zeitung UNABHÄNGIG

Wien Krone

krone.at Ausgabe Nr. 20.651
Wien 19, Muthgasse 2, 05 7060-0
Abonnement-Service: 05 7060-600

KURZ

Foto: Reuters

Kanzler Kern nur noch Zweiter

Foto: Reuters

Strache mit Plus auf drittem Platz

Wien: SPÖ legt überraschend zu

Der Sensationssieg von Sebastian Kurz läutet einen historischen Umbruch in unserem Land ein. Erstmals gelingt es der ÖVP, einen regierenden SPÖ-Bundeskanzler vom Thron zu stoßen. Alle Ergebnisse, Hintergrundinformationen und Analysen finden Sie in diesem 24 Seiten umfassenden „Krone"-Wahl-Extra.

Die neue Volkspartei	SPÖ	FPÖ	neos	LISTE PILZ.	DIE GRÜNEN
31,5% (+7,5%)	26,9% (+0,1%)	26,0% (+5,5%)	5,3% (+0,3%)	4,4% (–)	3,8% (-8,6%)

Hochrechnung inklusive Wahlkartenprognose (in Klammern Veränderung zur Nationalratswahl 2013)

Wahlkampf wird

„Dirty Campaigning“ in Österreich

SPÖ erschüttert Silberstein-Affäre

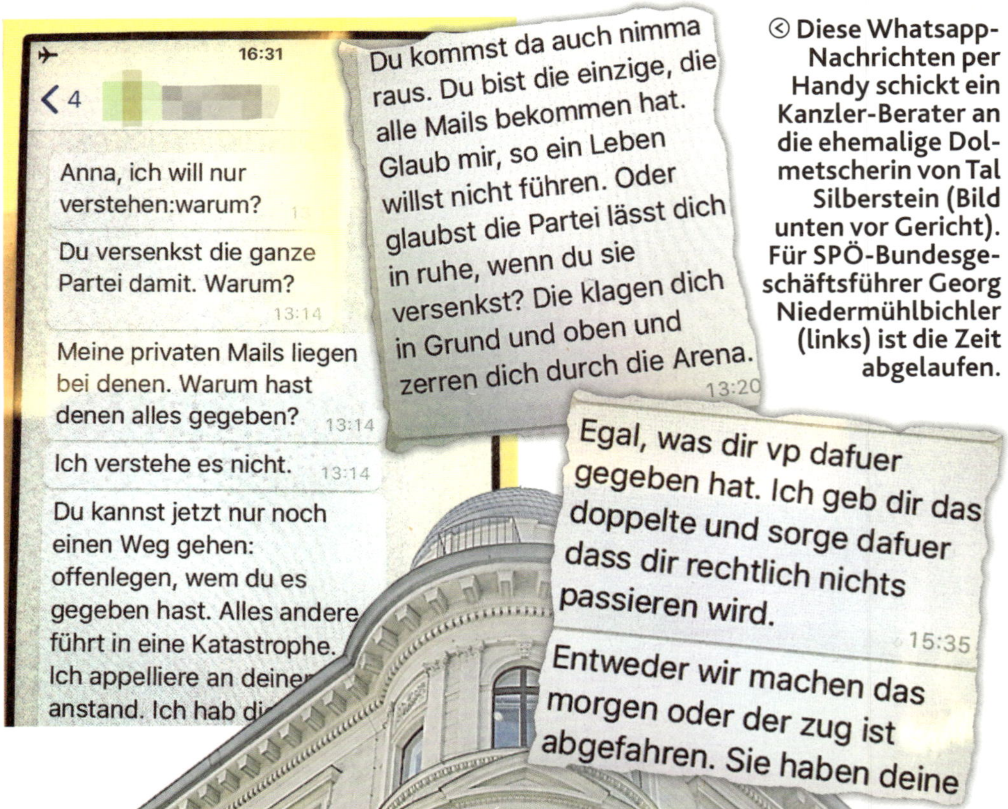

16:31
4
Anna, ich will nur verstehen:warum?
Du versenkst die ganze Partei damit. Warum? 13:14
Meine privaten Mails liegen bei denen. Warum hast denen alles gegeben? 13:14
Ich verstehe es nicht. 13:14
Du kannst jetzt nur noch einen Weg gehen: offenlegen, wem du es gegeben hast. Alles andere führt in eine Katastrophe. Ich appelliere an deinen anstand. Ich hab di…

Du kommst da auch nimma raus. Du bist die einzige, die alle Mails bekommen hat. Glaub mir, so ein Leben willst nicht führen. Oder glaubst die Partei lässt dich in ruhe, wenn du sie versenkst? Die klagen dich in Grund und oben und zerren dich durch die Arena. 13:20

Egal, was dir vp dafuer gegeben hat. Ich geb dir das doppelte und sorge dafuer dass dir rechtlich nichts passieren wird. 15:35

Entweder wir machen das morgen oder der zug ist abgefahren. Sie haben deine

◁ Diese Whatsapp-Nachrichten per Handy schickt ein Kanzler-Berater an die ehemalige Dolmetscherin von Tal Silberstein (Bild unten vor Gericht). Für SPÖ-Bundesgeschäftsführer Georg Niedermühlbichler (links) ist die Zeit abgelaufen.

zur Schlammschlacht!

Der Wahlkampf 2017 geht als der wohl schmutzigste in die Politgeschichte Österreichs ein. Auslöser ist der SPÖ-Skandal um „Dirty Campaigning"-Profi Tal Silberstein. Nach dessen Verhaftung in einer Bestechungsaffäre gerät das Duell Kern gegen Herausforderer Kurz zur Schlammschlacht.

Während der von den Roten geholte israelische Kampagnen-Guru Tal Silberstein in seiner Heimat unter Hausarrest auf den Prozess wartet, befetzen sich die Noch-Regierungspartner in Österreich. Nach dem Auffliegen von zwei Silberstein-Facebookseiten gegen Sebastian Kurz tritt SPÖ-Bundesgeschäftsführer Georg Niedermühlbichler zurück.

Sein Nachfolger in der Löwelstraße, Christoph Matznetter, legt den Silberstein-Vertrag offen. Demnach bekam der „Dirty Campaigning"-Profi 536.000 Euro! Bundeskanzler Christian Kern will freilich von den „unmoralischen und unglaublich blöden" Vorgängen nichts gewusst haben. Und die SPÖ verdächtigt die ÖVP der Betriebsspionage bzw. eines unmoralischen Geldangebots. Im Gegenzug schickt ein Redenschreiber des SPÖ-Chefs einer früheren Silberstein-Mitarbeiterin drohende Handy-Nachrichten. Die Folgen sind gegenseitige Anzeigen.

BITTE BLÄTTERN SIE UM

Der neue SPÖ-Bundesgeschäftsführer Christoph Matznetter hat keinen leichten Job. Er muss retten, was noch zu retten ist – und legt den Silberstein-Vertrag offen. ⊙

⊙ Auch ÖVP-Generalsekretärin Elisabeth Köstinger verteidigt ihren Chef Sebastian Kurz gegen die Angriffe.

⊙ Kanzler-Ehefrau Eveline Steinberg-Kern inszeniert sich in einem Facebook-Video als „Opfer" der Schlammschlacht.

ÖVP siegt: Österreich

Nach der Wahl, vor der Regierung

Das Wählervotum lässt auf Veränderung schließen. Es besteht daher Hoffnung, dass sich die Regierungsbildung nicht zu lange hinziehen wird. Die Wahl selbst ist, denkt man an die vielen Tiefpunkte, zum Glück vorbei. Ein Umbruch steht bevor. Die Reihung: 1. ÖVP, 2. SPÖ, 3. FPÖ führt zu einer klaren Mehrheit für die Mitte rechts.

Das aktuelle Team der SPÖ hat den ersten Platz verloren. Das mangelhafte Krisenmanagement dieser Gruppe und der Umstand, dass man sich mit Beratern umgab, die noch einige Zeit die Justiz beschäftigen werden, hat sich wohl niedergeschlagen. Regierungsverantwortung sollte sie lieber nicht tragen. Offen bleibt die Frage, warum man nicht einmal den eigenen moralischen Ansprüchen gerecht wurde: Die Sektion 8 der Wiener SPÖ hebt in anderem Zusammenhang gerne ihren moralischen Zeigefinger, im eigenen Bereich schweigt sie.

Das staatsmännische Auftreten von Heinz-Christian Strache hat sich ausgezahlt: Entgegen dem bisherigen Image stand die FPÖ in der schmutzigen Auseinandersetzung plötzlich seriös da.

Kurz ist mit seiner, wie er sie nennt, „neuen ÖVP" Sieger. Dafür war sein junges, von Veränderungswillen getragenes Auftreten verantwortlich. Jetzt muss er zeigen, dass er seine vielen Versprechen einhalten kann.

Christoph Dichand

„Krone"-Chef Dr. Dichand

So hat Österreich gewählt

Wahlergebnis mit Wahlkarten Auszählungsgrad: **100%** (in Prozent, Werte gerundet)

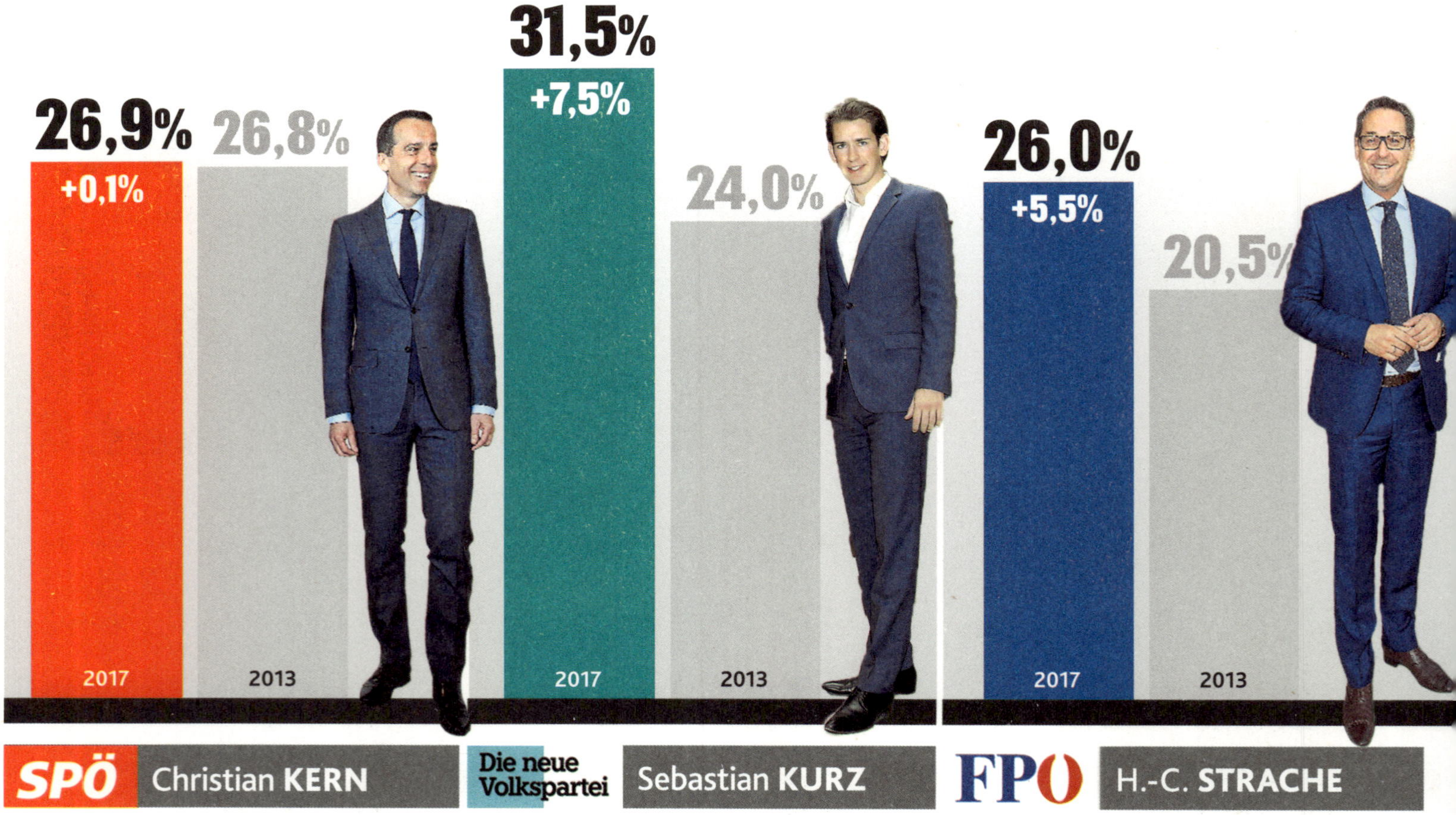

OHNE WAHLKARTEN **26,7%** = 1,144.516 Stimmen

OHNE WAHLKARTEN **31,4%** = 1,341.930 Stimmen

OHNE WAHLKARTEN **27,4%** = 1,170.455 Stimmen

wählt die Veränderung!

- Kurz erobert ersten Platz
- Kern nur noch auf Rang 2
- Strache mit Plus Dritter
- Grüne aus dem Nationalrat
- NEOS bleiben unverändert
- Liste Pilz ist im Parlament

Die ÖVP (angetreten als Liste Kurz) ist mit einem Riesenplus von 7,5 Prozent ganz klarer Wahlsieger, die Kanzlerpartei SPÖ schafft mit 26,9 Prozent gerade noch Platz 2, während die FPÖ mit einem satten Zuwachs von 5,5 Prozent auf dem dritten Rang bleibt – das ist das Ergebnis einer Nationalratswahl, die in Österreich wohl keinen Stein auf dem anderen lässt.

Denn gleichzeitig stehen die desaströs abgestürzten Grünen (minus 8,6 Prozent) nach 31 Jahren vor dem Aus auf Bundesebene, da sie die Hürde von vier Prozent nicht erreichen konnten, während Peter Pilz, den die Grünen aus ihrer Partei vertrieben hatten, mit seiner eigenen Namensliste ins Parlament einzieht. Die NEOS bleiben glanzlos stabil, sind aber mit 5,3 Prozent die Größten unter den Kleinparteien. Demokratiepolitisch besonders erfreulich: Die Wahlbeteiligung von knapp 80 Prozent. Österreich hat die Veränderung gewählt! Klaus Herrmann

Wahlbeteiligung: 79,7%

SONSTIGE LISTEN	Mit Wahlkarten	Ohne Wahlkarten
KPÖ	0,8%	0,7%
FLÖ	0,2%	0,2%
GILT	0,9%	0,9%
WEISSE	0,2%	0,2%

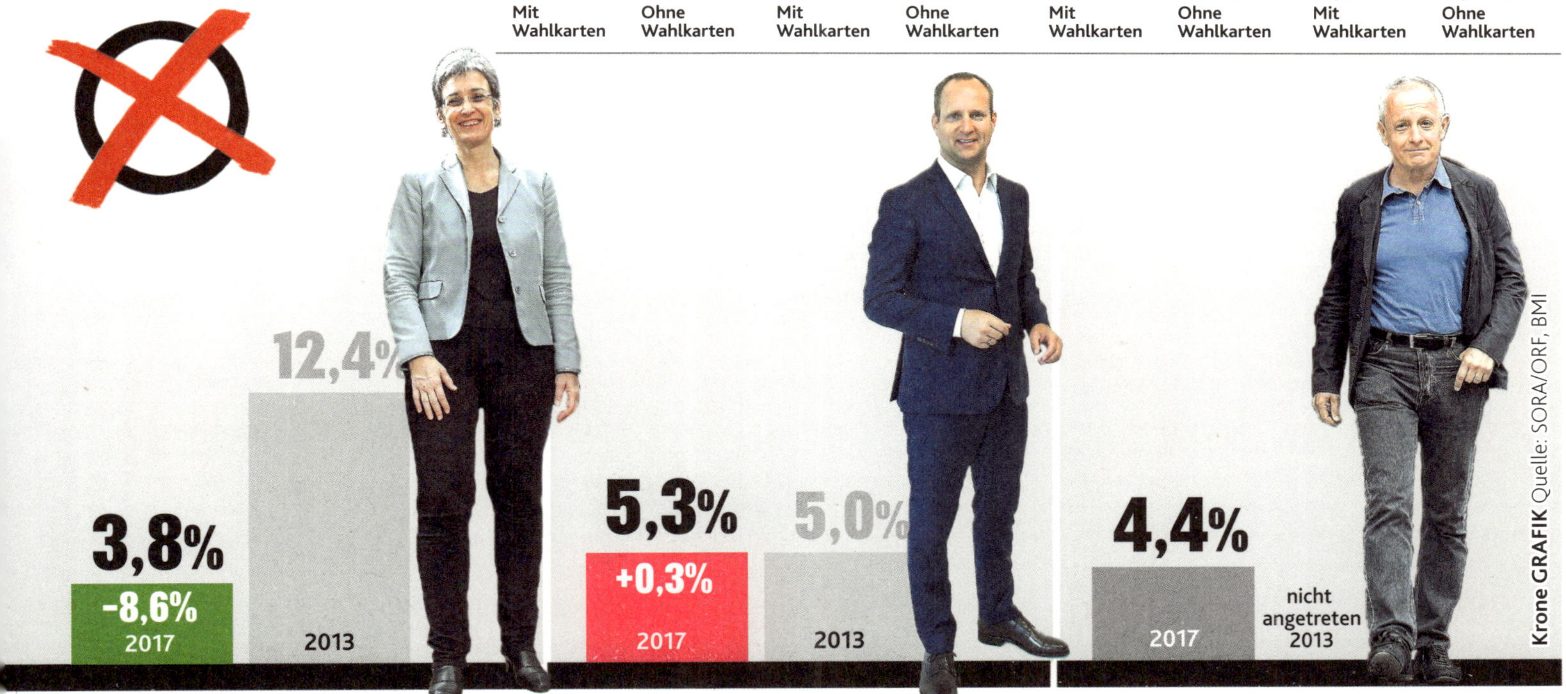

Ulrike LUNACEK (Die Grünen)
OHNE WAHLKARTEN 3,3% = 141.959 Stimmen

Matthias STROLZ (neos)
OHNE WAHLKARTEN 5,0% = 212.251 Stimmen

Peter PILZ (LISTE PILZ.)
OHNE WAHLKARTEN 4,1% = 177.035 Stimmen

Im Brennpunkt

DR. MED. WOLFGANG EXEL

Ein Thema, das uns alle betrifft!

Es gibt kaum eine Familie in Österreich, die nicht irgendwann vor dem Problem geeigneter Betreuung für pflegebedürftige Angehörige steht. Betroffen sind schließlich nicht nur die älteren Menschen selbst, sondern auch deren Kinder und oft auch Enkel.

Wir haben einerseits das große Glück, in einem trotz aller Kritik recht gut funktionierenden Sozialstaat zu leben. Niemand wird im Stich gelassen. Andererseits gibt es jedoch gerade im Bereich Altenpflege viel Luft nach oben!

Abgesehen von der zu geringen Zahl an Heimplätzen – viele Angemeldete sterben gleichsam auf der Warteliste – haben auch bei weitem zu wenige Menschen die Chance, ihre Tage in den eigenen vier Wänden beschließen zu dürfen. Konkret: Die 24-Stunden-Pflege ist nach wie vor deutlich zu teuer!

Was wir von der Krone deshalb von unseren Politikern einfordern, ist ausreichende Finanzierung dieser von den meisten Pflegebedürftigen erwünschten Möglichkeit! Derzeit kann sich nur ein Bruchteil der betroffenen Familien den Betrag leisten, der trotz Pflegegeld und Förderungen noch übrig bleibt.

Älteren Menschen einen schönen, würdigen Lebensabend zu ermöglichen, könnte ein Traumberuf sein. Freilich verbunden mit entsprechender Ausbildung, um beste Qualität bieten zu können. Vielleicht eine Chance für viele Jugendliche.

Die Umweltschützer wollen auch die digitale Welt bewahren:

Greenpeace sagt „Fake News" und Internet-Hetze Kampf an!

Mit „NETPEACE", einer völlig neuen Bewegung für Frieden und Demokratie im Internet, sagt Greenpeace Hetze und Verbreitern von Fake News (Lügen) im Netz den Kampf an. Die renommierten Umweltschützer, die Verbrechen gegen die Natur aufdecken, wollen nun den Hass im Internet per Mausklick bekämpfen.

Greenpeace-Chef Egit, Mastermind von Netpeace

NETPEACE ist einen positive Power-Plattform, der sich jeder anschließen kann. „Die Leugnung der Verantwortung des Menschen für den Klimawandel ist nur ein Beispiel für die Desinformation-Strategie", warnt Greenpeace-Geschäftsführer Alexander Egit, „im Moment bestimmen einige wenige US-Konzerne über unsere digitale Welt und deren Regeln. Das ist eine Gefahr für Demokratie, den Frieden und damit auch für unsere Natur!"

Neue Technologien müssen den Bedürfnissen von Mensch und Umwelt dienen und nicht den Profit-Interessen weniger Unternehmen, so die Parole von NETPEACE. IS-Terrorvideos zeigen zudem erschreckend auf, wie das Internet von Islamisten missbraucht wird. Der „Cyber-Dschihad" ist eine weltweite Gefahr. Denn mit Netz-Angriffen auf die kritische Infrastruktur kann das öffentliche Leben lahmgelegt, die Energie- und Wasserversorgung gestoppt werden – ein Horrorszenario!

Darum kämpft NETPEACE für Abrüstung im Cyberkrieg.

Auch die Plattform Facebook wird immer wieder für Hetzpostings oder Fake News missbraucht.

Experten geben in der „Krone"-Gesundheitsredaktion Tipps

Gute Pflege ist die Zukunft

„Zufrieden im Lehnstuhl sitzen, umgeben von lieben Menschen und vertrauenswürdigem Pflegepersonal. Sportlich und sozial aktiv – so stellen wir uns den Lebensabend vor. Doch diese heile Welt existiert oft nur auf Fotos", fasst Redakteurin Karin Podolak die Situation zusammen. Denn tatsächlich sind viele ältere Menschen oft hilflos einer Situation ausgeliefert, die sie nicht alleine bewältigen können. Die „Krone" berichtet deshalb nicht nur über Pflegemöglichkeiten und Verbesserungsideen, sondern bringt auch topaktuelle Berichte. In Kolumnen unterbreiten Gesundheits- und Pflegeexperten Lösungsvorschläge zu den wichtigsten Problemen.

Vertrauenswürdige Pflege – ein Wunsch für den Lebensabend

Smatrics-Chef Fischer hat 400 öffentliche Ladenetzpunkte in Österreich errichtet. Er fordert ein noch dichteres E-Tanknetz.

Österreich hält EU-Rekord bei Neuzulassungen **Dichteres Ladenetz gefordert**

Europameister bei E-Autos

Österreich ist E-Mobilitäts-Europameister! Laut aktuellen Zahlen (817 neue E-Fahrzeuge in sechs Monaten) sind wir Spitzenreiter. Michael-Viktor Fischer, Chef des ersten flächendeckenden Ladenetzbetreibers Smatrics, geht davon aus, dass Enthüllungen über Abgasmanipulationen ein Grund für die Entwicklung sind.

„Ich bin überzeugt, dass der Dieselskandal mit fast täglichen neuen Berichten über angebliche Abgasmanipulation die Menschen dazu bringt, über die Elektromobilität nachzudenken", so der Smatrics-Chef.

Er glaubt auch, dass der Boom in Österreich auch dadurch ausgelöst wurde, weil es immer mehr Modelle gibt und die Regierung vielfältige Prämienanreize umsetzt.

Doch der Durchbruch ist bei uns noch lange nicht geschafft. Denn dieser steht und fällte mit der Verfügbarkeit der Lademöglichkeiten. „80 Prozent der Ladungen erfolgen daheim in der Garage oder auf dem privaten Stellplatz. Genau hier besteht ein rechtlicher Graubereich. Denn bei Wohnanlagen muss derzeit bei der Installation einer Ladestation die gesamte Hausgemeinschaft zustimmen", bringt Fischer einen Hauptstolperstein auf den Punkt.

Das dramatisches Sterben der Esche! Ein aus Asien eingeschleppter Pilzwinzling namens „falsches weißes Stängelbecherchen" (kl. Bild) hat in ganz Österreich bereits Abertausende Exemplare der mystischen Esche befallen. Das leise Sterben, des hinter der Rotbuche zweithäufigsten Laubbaumes Österreichs, ist der Vorbote einer Ökokatastrophe. Wissenschafter untersuchen die befallenen Bäume und suchen bisher erfolglos nach einer Lösung, um das Baumsterben zu stoppen.

Unkorrekt

HEINZ SICHROVSKY

Nobler Preis

Bald ist wieder der Friedensnobelpreis fällig, und wenn es eine Gerechtigkeit gibt, kann ihn nur Donald Trump bekommen. In einer langen Reihe glückhafter Entscheidungen würde diese den vorläufigen Höhepunkt markieren. Schon wie er kürzlich dem Kollegen Erdoğan über alle millimetertiefen und löschblattbreiten Gräben hinweg die Hand gereicht hat: Das wirft die Frage auf, weshalb er nicht schon anlässlich der Amtseinführung geehrt wurde wie der annähernd so verdiente Vorgänger.

Auf der Hand läge die Teilung des Preises, wie sie mit unbeschreiblichem Erfolg 1994 vorgenommen wurde. Damals ehrte man neben der israelischen Regierungsspitze auch den Friedensvisionär Arafat, der vor 50 Jahren den IS erfand. Heute könnte die Zuerkennung an Trump und Kim Jong-un die Schärfe aus dem Disput der beiden liebenswerten Hitzköpfchen nehmen. Auf diese Weise geschähe auch Kim Il-sung senior, den man leider übersehen hat, posthume Genugtuung. Trump & Kim könnten zudem einen Intim-Versand gründen: das heißeste Start-up seit der kürzlichen Versteigerung einer Hitler-Unterhose. Die Dessous-Linie „Oslo" mit notariell zertifizierten Gebrauchsspuren würde zum Verkaufsschlager.

Wird es mit Trump nichts, empfehle ich die anlasslose Auszeichnung aus der Kategorie „Was war mei Leistung?", so wie 2007 an den US-Vize Al Gore. Dann könnte endlich auch wieder die Stunde Österreichs schlagen: Vertreter aller Parlamentsfraktionen würden die Favoritenliste fluten.

Klares Signal gegen nukleare Raketentests in Nordkorea

Nobelpreis für Anti-Atom-Gruppe

Die internationale Kampagne zur atomaren Abrüstung (ican) erhält den Friedensnobelpreis 2017. Dieses erfreuliche Ergebnis gibt das norwegische Nobelkomitee in Oslo bekannt. Dabei geht es um eine globale Aktion für die Abschaffung aller Atomwaffen durch einen bindenden internationalen Vertrag – eine Atomwaffenkonvention.

Der Nobelpreis ist auch eine Anerkennung für die Arbeit der österreichischen Diplomatie bis zum Erfolg in der UNO. „Es war die enge Zusammenarbeit mit ‚ican', die es uns und den Partnerstaaten ermöglichte, die Annahme des Verbotsvertrages durch 122 Staaten zu erreichen", gratuliert ÖVP-Chef Sebastian Kurz, der „seinen" Vertrag in New York unterzeichnete.

Jubel von „ican"-Mitarbeitern, nachdem sie vom Nobelpreis erfahren hatten. „Für mich ist ican ein großartiges Beispiel dafür, dass die Zivilgesellschaft Großes erreichen kann, wenn sie für eine gute Sache entschieden eintritt", so Kurz.

Preisgleiche Alternative

Künftig gibt es die innovative Digital-Vignette

Ab Dezember kann man bereits die Autobahnvignette – heuer ist sie kirschrot – für 2018 auf die Windschutzscheibe kleben. Aber erstmals lässt sich als Alternative zum selben Preis eine digitale Vignette kaufen. Und die funktioniert völlige anders: Statt ein Pickerl zu kaufen, muss man sich im Internet auf www.asfinag.at registrieren und sein Fahrzeug eingeben. Dann klickt man die gewünschte Gültigkeitsdauer (ein Jahr, zwei Monate oder zehn Tage) an und bezahlt mittels Kreditkarte. Die Bezahlung wird automatisch erkannt.

87,30 € kostet die neue Vignette, egal ob Pickerl oder digital.

Kronen Zeitung
UNABHÄNGIG

Geschafft: Gemeinsam mit seinem Freund Erwin Soravia (re.) bezwingt Christoph Dichand den höchsten Berg Afrikas.

„Krone"-Chef berichtet vom Gipfelsieg · Herausforderung für Körper und Geist

Abenteuer am Kilimandscharo

„Wer den Gipfel des Kilimandscharo-Massivs auf 6000 Metern Seehöhe erreichen will, kämpft gegen dünne Luft, Trockenheit und Erschöpfung", so „Krone"-Herausgeber Christoph Dichand über die Herausforderung, den höchsten Punkt Afrikas zu bezwingen. Sein Resümee: „Die Tour ist auch ein Abenteuer im Kopf!"

„Sie müssen viele Gedanken aus Ihrem Kopf verbannen, sonst schleppen Sie zu allen Strapazen noch einen psychologischen Rucksack mit sich." Dank dieser Vorwarnung des Höhenexperten Alexander Daume gelingt Dichand der Gipfelsieg auf dem „Uhuru Peak" in 5895 Metern Höhe.

In einer Reportage bringt der Chefredakteur dann seine Eindrücke auf den Punkt: „Die Herausforderung ist geschafft! Sie abzulehnen wäre einfach gewesen, sich ihr zu stellen hat in uns ein wenig von jenem Pioniergeist geweckt, der Menschen seit jeher dazu gebracht hat, Neues zu entdecken."

Alpenrepublik leitet im 2. Halbjahr 2018 Präsidentschaft

Österreichs Vorsitz im EU-Rat

„Österreich wird im zweiten Halbjahr 2018 während seiner EU-Ratspräsidentschaft einen Schwerpunkt auf Investitionen und Arbeitsplätze sowie auf den Kampf gegen Steuerbetrug und Steuervermeidung legen", betonte SPÖ-Parteivorsitzender Christian Kern im Hauptausschuss des Nationalrats. Insbesondere gehe es um bessere Jobs in der EU und die Verhinderung von Lohn- und Sozialdumping.

Auch die Bundeshauptstadt Wien bereitet sich auf Österreichs Vorsitz im EU-Rat vor. Um allen Politikern und Diplomaten freie Fahrt zu ermöglichen, wird es im zweiten Halbjahr 2018 auf den wichtigen Hauptverkehrsrouten eine Aufgrabungssperre, also keine Baustellen geben.

Zum Schmunzeln und zum Nachdenken: Was Prominente im Laufe des Jahres 2017 in der Öffentlichkeit von sich gaben . . .

„Tal Silberstein sitzt im Gefängnis, aber das ‚Dirty Campaigning' geht weiter."
ÖVP-Chef Sebastian Kurz bei einem TV-Duell an die Adresse von SPÖ-Bundeskanzler Christian Kern.

★

„In der Politik geht es nie um Liebesheirat, sondern um Vernunftehe."
SPÖ-Chef Christian Kern bemüht einen bekannten Spruch zur Koalitionsfrage.

★

„Soll ich dich küssen?" – „Bitte nicht!"
Amüsanter Dialog des deutschen Komikers Oliver Pocher und Boris Becker-Ehefrau Lilly bei der PRO-7-Show „Global Gladiators".

„Da findet sich in Österreich sicher immer wer, der dagegen ist."
Verkehrsminister Jörg Leichtfried auf die Frage, wer denn gegen die Verlängerung der Breitspurbahn von Košice nach Wien sei.

★

„Sie kopieren einfach die freiheitliche Politik."
FPÖ-Parteiobmann Strache zum Noch-Außenminister Kurz.

★

„Ich bin da nicht wirklich empfindlich. Ich hab auch schon Journalisten ins Schlafzimmer gelassen."
Elke Winkens in „Seitenblicke" über ihre Gäste im Schlafgemach.

Geständnis: Elke Winkens

„Wir haben eine Steuerquote von fast 31%, das heißt, wir sind leider nicht sehr erfolgreich in Steueroasen . . ."
Andritz-Boss Wolfgang Leitner.

„Das ist wie ein Tanker, der auf einen Eisberg zusteuert."
Ulrike Rabmer-Koller, Hauptverbands-Chefin, über die Notwendigkeit von Reformen bei den Sozialversicherungen.

★

„Da kommen dann lauter fröhliche Brasilianer nach Wien."
Der neue RHI-Chef Stefan Borgas über die Fusion mit der brasilianischen Magnesita.

★

„Ich bin ja nicht ohne Grund Nacktmodel geworden – eben weil ich keinen Text lernen möchte."
Michaela Schäfer über ihre Karrierepläne.

★

„Wir haben den höchsten Nettogewinn erzielt seit überhaupt."
Erste-Bank-Chef Andreas Treichl zum Ergebnis 2016.

Sprüche des Jahres

„Ich hab das Gefühl, ich hab die letzen Tage schon zehn IQ-Punkte verloren."
„Bachelorette"-Teilnehmer Manuel erklärt, warum er die RTL-Show verlassen hat.

★

„Für den Donald Trump mach ma Taco mit Hummer, etwas Mexikanisches ohne Mauer herum."
Österreichs Starkoch Wolfgang Puck in Hollywood über seine kulinarische Oscar-Kreation für die Gala.

★

„Ich habe damals gedacht, nein, wenn das so weitergeht, musst du dir etwas anderes für dein Leben ausdenken."
Schauspielerin Senta Berger über ihre Anfänge.

★

„Es ist die Unwahrheit, wenn überlange Verfahren auf die EU geschoben werden – die österreichischen Extrawürsteln sind schuld."
Flughafen-Vorstand Günther Ofner.

★

„Die Frage könnte ich selbst mit allen Jokern dieser Welt nicht beantworten. Wenn es so weit ist, empfehle ich den Publikumsjoker!"
Moderator Günther Jauch auf die Frage, ob „Wer wird Millionär" auch nach ihm weitergeht.

„Radio ist so viel schneller als Fernsehen und so viel weniger hysterisch als das Internet, das hat so grad die richtige Geschwindigkeit."
Andi Knoll beim Radiopreis in „Seitenblicke".

★

„Es fühlt sich wie eine große Klassenfahrt an hier. Es ist ein unglaublicher Ausnahmezustand für uns alle."
Buhlschaft Stefanie Reinsperger über „Jedermann".

★

„Heiraten werde ich sicher nicht mehr."
Richard Lugner selbstkritisch an seinem 85. Geburtstag.

Lugner sagt nicht mehr „Ja".

„Nehmt den Hurensohn vom Feld. Weg damit! Er ist gefeuert, wenn jemand die Flagge nicht respektiert!"
US-Präsident Donald Trump an die Football-Teambesitzer, weil immer mehr Spieler aus Protest gegen die Gewalt gegen Schwarze während der Hymne niederknien.

★

„Kamerageil war ich immer, und ich liebe es, wenn man mich aufnimmt."
„Mr. Wunderbar" Harald Serafin.

★

„Ich liebe gute, spannende Krimis, aber die gibt es viel zu selten beim ‚Tatort'!"
„Tatort"-Kommissarin Ulrike Folkerts lässt aufhorchen.

★

„Ich bin einer der wenigen Prominenten, die 2016 überlebt haben. Aber für 2017 seh' ich schwarz!"
Thomas Gottschalk in seiner Radioshow.

★

„Fürsten der Finsternis."
NEOS-Chef Matthias Strolz über die Landeshauptleute.

★

„Ich habe nie tanzen gelernt bei ‚Dancing Stars'. Ich habe Schritte zählen gelernt. Jetzt kann ich ganz locker bis 15 zählen."
Otto Retzer in „Seitenblicke".

„Tausche Zahnspange gegen Handwerkerbonus."
ÖVP-Finanzminister Hans Jörg Schelling über den „Basar" in der rot-schwarzen Regierung.

★

„Die Menschen werden sich immer für schöne Mädchen interessieren."
Supermodel-Mama Heidi Klum zum Start ihrer neuen Staffel „Germanys next Topmodel".

★

„Viele schreiben, dass ich ihre Freundin bin, aber die sind mir ja völlig fremd."
Die blonde deutsche Power-Frau Daniela Katzenberger über ihre Facebook-Bekannten.

„Tanzprofi" Otto Retzer

Foto des Jahres

EINE MUTTER ALS IKONE DES WIDERSTANDS. – Im Sommerkleid stellt sich Krankenschwester Ieshia Evans bei einem friedlichen Protest in Baton Rouge martialisch gepanzerten Cops gegenüber. Die Demonstration gegen rassistische Polizeigewalt ist Ausdruck der Verzweiflung vieler Amerikaner, da immer wieder Schwarze wegen Bagatellen von weißen Polizisten erschossen werden. Wegen ihres Protestes musste die Mutter eines fünfjährigen sohnes 24 Stunden hinter Gitter. Der Schnappschuss des Fotografen Jonathan Bachman geht um die Welt.

PERSONENREGISTER

BILDNACHWEIS

AFP 63, Agency People Image 1, AP 42, APA 16, Austrian Airlines 1, Babirad Picture 3, Jonathan Bachman 1, Gerhard Bartel 2, Erwin Benesch 1, Hubert Berger 2, Bergfreunde 1, Bergrettung 1, Berufsfeuerwehr Wien 1, Bild/Jörg Völkerling 1, Bild Zeitung/Faksimile 1, Christof Birbaumer 5, BKA Deutschland 1, Blick 1, Gregor Brandl 1, Thomas Bubendorfer 1, Christoph Budin 1, Bundesheer (HBF) 3, Coleman-Rayner 1, Franz Crepaz 3, Christoph Dichand 1, Walt Disney 1, Philip Enders 1, EPA 27, EXPA 9, Facebook 3, Elred Faisst 1, Andreas Fischer 1, Fotolia 15, Stefan Fürtbauer/Picturedesk 1, FPÖ/Dieter Nagl 1, Christoph Gantner 2, Andreas Graf 2, GEPA 11, Getty Images 2, Gewaltschutzzentrum 1, Gabriela Gödel 1, Gerhard Gradwohl 3, Jean-Francois Gratton 1, Klemens Groh 13, Peter Grotter 1, Guardia Di Finanza 1, Elmar Gubisch 1, Bruno Haberzettl 1, Gerhard Hammler 1, HERMIONE 1, Reinhard Holl 3, Hopi-Media 1, Innsbruck Tourismus 1, Instagram 5, Erwin Jannes 10, Christian Jauschowetz 1, Martin A. Jöchl 14, Kerstin Joensson 1, Reinhard Judt 2, Kärntner Bauernbund 1, Ernst Kainderstorfer 1, Werner Kerschbaum 2, Christian Kitzmüller 1, Georg Köchler 1, „Krone"-Archiv 72, „Krone"-Archiv/Twitter 2, „Krone"-Grafik 2, Konrad Lagger 1, Las Vegas Police 1, Thomas Lenger 1, Daniel Liebl/zeitungsfoto.at 3, Madame Tussauds Wien 1, Peter Macdiarmid/LPN 1, Dietmar Mathis 1, Christoph Matzl 2, Reinhold Mitterlehner/facebook 1, Gabriele Moser 1, NATO 1, Franz Neumayr 1, Anna Netrebko/facebook 1, News Group Newspaper 1, ORF 6, Hans Otte 1, Sepp Pail 3, Photopress 8, Picturedesk 3, Pixathlon 1, by der Plankenauer 1, Playboy 3, Polizei/BMI/BK 11, Power of Earth 2, Martina Prewein 1, Public Diplomacy 1, Red Bull 1, REUTERS 32, Rotes Kreuz 2, Alaiser Russel , Uta Rojsek-Wiedergut 2, Daniel Scharinger 1, Andi Schiel 13, Georges Schneider 1, Silvia Schober 3, Karl Schöndorfer 1, Markus Schütz 1, SEPA.Media 4, Smatrics 1, Sports Illustrated 2, Heinz Stephan Tesarek 3, Starpix/Alexander Tuma 5, Dragan Tatic 1, Tiergarten Schönbrunn 3, Andreas Tischler 1, Tobis Film 1, Peter Tomschi 8, Toppress Austria 1, Markus Tschepp 3, 20 Century Fox 1, Alexander Tuma 7, Twitter 1, twitter.com/diari 2, Viennareport 5, Joerg Voelkering 2, Markus Wenzel 1, Wildbild 1.

SCHUTZUMSCHLAG:

AFP (2), AP, Christof Birbaumer, Bundesheer, EPA (3), Erwin Jannes, GEPA, Christian Jauschowetz, REUTERS, Erich Spiess, Viennareport (2).

Für die Mitarbeit danken wir unseren Kollegen, den Kolumnisten, Redakteuren, Reportern, Fotografen, dem Grafik-Team und den Karikaturisten der „Kronen Zeitung".

Insbesondere der ebenso unermüdlichen wie kreativen „Krone"-Layouter-Mannschaft Hermann Müller, Christian Wawra und Herbert Kocab sowie unserem sorgfältigen Archivar Martin Kriegel.

Dank auch an das Ueberreuter-Team, stellvertretend an die Koordinatorinnen Gisela Glöckler, Marina Hofinger und Birgit Schott, die auch als eifrige Buchstabengel dem Druckfehlerteufel einen heroischen Kampf geliefert haben.

Christoph Matzl & Christoph Budin

Zum Sammeln und Schenken

Schlagzeilen

„Schlagzeilen, die Österreich bewegten" so hieß 1990 der erste „Krone"-Band, der 90 Jahre österreichische Geschichte aus journalistischer Sicht porträtierte. Ein Pilotprojekt mit Riesenerfolg und „Kindern": Mittlerweile gehören die Jahresrückblicke, aufgearbeitet in der vertrauten Form täglicher Zeitungsseiten, schon zur Tradition. Eine Rückschau im Jahresrhythmus heißt Chronologie, Chronologien aneinandergereiht werden Geschichte, alles zusammen ist unser Leben. Mit dem vorliegenden Band, mittlerweile der 28. in dieser Reihe, verlieren die Jahreszahlen ihre Anonymität und werden gewissermaßen zum Tagebuch des Selbst- und Miterlebten, ein Nachschlagewerk für die ganze Familie, ein Sammlerstück. Ein Buch der Erinnerungen, in dem es den Autoren gelungen ist, Unterhaltung und Weltpolitik, Skandale und Humor, große und kleine Schlagzeilen einander so ausgewogen gegenüberzustellen, dass trotz aller Gräuel und Schrecken des vergangenen Jahres auch Optimismus, Hoffnung und Unterhaltung vermittelt werden.